Dieter Schupp

Im Gespräch: Glauben und Leben

27 Antworten

Gütersloher Verlagshaus
Gerd Mohn

Originalausgabe

CIP-Kurztitelaufnahme der Deutschen Bibliothek

Schupp, Dieter
Im Gespräch, Glauben und Leben: 27 Antworten. –
Orig.-Ausg., 2. Aufl. (13.–20. Tsd.) –
Gütersloh: Gütersloher Verlagshaus Mohn, 1979.
(Gütersloher Taschenbücher Siebenstern; 238)
ISBN 3-579-03638-6

ISBN 3-579-03638-6
2. Auflage (13.–20. Tsd.), 1979

Gesamtherstellung: Clausen & Bosse, Leck
Umschlagentwurf: Dieter Rehder, Aachen
Printed in Germany

Gütersloher Taschenbücher / Siebenstern 238

Inhalt

Vorwort

Ich stelle mir Jugendliche vor,
die eines Tages heimkommen mit solchen Sätzen:
Nach meiner Konfirmation gehe ich nie mehr in die Kirche ...
Sobald ich kann, melde ich mich vom Religionsunterricht ab ...
Holger ist aus der Kirche ausgetreten. Ich finde das echt richtig ...
Ich habe all die frommen Märchen durchschaut ...
Das Christentum hat versagt ...
Religion ist überflüssig ...
Für solche Jugendliche habe ich das Büchlein geschrieben.

Ich stelle mir Eltern vor,
die solche Sätze nicht einfach hinnehmen wollen,
die aber merken, wie schwer sie es haben beim Argumentieren.
Resultat mancher Gespräche,
nicht gerade die Regel, aber auch nicht die Ausnahme:
Man redet nicht miteinander, sondern gegeneinander ...
man geht aufeinander los ...
man versucht, seine Überlegenheit zu zeigen ...
man verweist auf ein späteres Verstehen ...
man bricht das Gespräch ab ...
Für solche Eltern habe ich das Büchlein geschrieben.

Ich stelle mir Leute vor,
selbständig denkende, kritische,
die noch fragen und Selbstgespräche führen können:
über Gott und die Welt ...
über das Wachstum menschlichen Lebens ...
über Zeit und Ewigkeit ...
über das Leben, seinen Sinn, seine Absicht ...
über das Woher und Wohin ihres Weges ...
über das, was Religion meint ...
Für solche Leute habe ich das Büchlein geschrieben.

Für sie,
für ihre Gespräche.
Ein Gespräch ...
Das ist weder ein Streit noch eine Bekehrung,
sondern ein Austausch.
Dabei kommt es allemal weniger darauf an,
ob das, was ausgetauscht wird, wichtig ist und schlagkräftig,
sondern ob es echt ist.

Das vorliegende Büchlein will zum Gespräch anregen,
einladen, ermutigen, herausfordern,
Voraussetzungen schaffen,
Situationen für eine Gesprächsfähigkeit herstellen,
Beziehungen herstellen, Material anbieten,
Stoff.
Freilich nicht in Hülle und Fülle.
Es bedarf der Ergänzung durch vermittelte Gespräche
in Kirche und Schule,
durch unvermittelte, spontane Gespräche
im Wohnzimmer und wo auch immer.

1.

»Es ist schön, daß es dich gibt.«

Matthias lacht. »Stimmt das? Meinst du das echt?«

»Ja.«

»Du, das hat mir noch niemand gesagt. Wirklich?«

»Warum glaubst du mir denn nicht?«

Eigentlich ist es schon zu spät. Sie muß spätestens um acht daheim sein. Matthias weiß das.

»Mal 'ne Frage: Was ist denn an mir dran?«

»Das kann ich dir nicht sagen. Es ist einfach nur schön, wenn ich mit dir zusammen bin.«

»Wenn du das so sagst, das klingt ja richtig romantisch.«

»Na und?«

»Im Film ist immer alles ganz anders.«

Sie bindet sich die Haare zurück und fragt, ob er denn manchmal an sie denke.

»Manchmal?« fragt er zurück.

»Und hast du schon einmal von mir geträumt?«

»Zweimal.«

»Ich denke schon morgens beim Aufstehen an dich. Ich weiß auch nicht, mir fällt gar nichts anderes mehr ein.«

»Erst beim Aufstehen?«

»Früher geht's ja wohl kaum. Und du?«

»Ich?« fragt er. »Ich möchte dir was sagen, aber mir fällt das so verdammt schwer. Ich kann das gar nicht so sagen, weißt du, weil ich sonst ja so nie rede. Ich komme mir einfach komisch vor.«

»Du, ich muß jetzt unbedingt heim.«

»Wart noch einen Augenblick, Claudi.«

»Schau mal«, sagt sie, »da ist jetzt gar nichts mehr zu sehen.«
»Stimmt«, sagt er.
Heute abend wird er sich in sein Zimmer einschließen.
»Du könntest mir ja mal einen Brief schreiben.«
»Ich? Bist du verrückt?« – »Ja.«
»Warum soll ich dir denn einen Brief schreiben, ich sehe dich doch fast jeden Tag, und wir können doch reden.«
»Ich meine halt bloß«, sagt Claudia, »weil du mir das nicht sagen kannst, was du mir sagen möchtest.«
»Weil's mir so komisch vorkommt, direkt altmodisch, darum. Ich kann das nicht. Das wäre so, wie wenn ich sagen würde, daß ich mich wie im Paradies fühlte. Aber so etwas kann man doch heutzutage nicht mehr sagen. Meinst du, ich mache mich lächerlich?«
»Ach du«, sagt das Mädchen, »ich glaube, ich habe dich schon verstanden. Du mußt gar nicht mehr weiterreden.«

2.
Es gibt Wörter, die sind tot; keiner benutzt sie mehr, weil er sie gar nicht mehr kennt. Es gibt auch Wörter, die am Aussterben sind; man benutzt sie selten oder nie, aber man kennt sie noch. Hört man heute noch von ihnen reden, dann in der Sprache der Märchen und Träume, in der Sprache der Werbung.
Das Wort ›Paradies‹ ist so ein Wort.
Man kennt es, hat aber Mühe, es zu erklären. Das Paradies – ist es ein Land oder eine Gegend, ein überirdischer, himmlischer Ort oder eine Art irdisches Schlaraffenland?
Auf den ersten Seiten der Bibel wird vom Paradies erzählt, vom Garten Eden, wie man es auch nennt. Die Erde, noch ganz neu und schön, ein einziger Garten mit schönen Blumen und wunderbaren Bäumen, und ein Lamm grast friedlich und ungestört mitten unter wilden Tieren. Die Welt war in Ordnung. Es gab weder Mühsal noch Arbeit, weder Krankheit noch Tod, schon gar nicht Angst oder Streit, Hunger oder Krieg. So, wird erzählt, war die Welt gedacht, und der Mensch sollte dafür sorgen, daß die Welt in dieser Ordnung bleibt.
Aber der Mensch, die Bibel erzählt von Adam und Eva, begnügte sich nicht mit dem, was war. Er wollte mehr, vor allem wollte er Gott sein; dann hätte ihm keiner was zu verbieten, keinem müßte er gehorchen.

Es kam zu Betrug, zu Täuschung, zu Denunziation. Die Ordnung war gestört, der Friede, das Paradies.
Diese Erzählung hat sich nie so zugetragen, sie ist keine wahre Geschichte. Aber sie enthält, wie jede Geschichte oder jedes Gleichnis, eine Wahrheit. Diese ›Wahrheit‹ heißt: So war diese unsere Erde einmal zu Beginn gedacht – das reinste Paradies: keine Mühsal und kein Leistungsdruck, kein Leid und keine Tränen, keine Angst und keine Gewalt, kein Hunger und kein Krieg.
Aber was ist daraus geworden? Eine Welt voller Haß und Neid, Angst und Tränen, Hunger und Not, Bombenwürfen und Massaker, Terror und Folter. Darunter leiden wir genauso wie vor Hunderten und Tausenden von Jahren.
Muß das so sein? Muß das so bleiben?

Neben dieser biblischen Paradiesgeschichte gibt es zahlreiche weitere Erzählungen vom Paradies. Daraus kann man folgern, daß in vielen Völkern und zu allen Zeiten bestimmte Vorstellungen vom Paradies lebendig waren, auch heute noch sind, in denen die Sehnsucht der Menschen nach Freude und Glück, Frieden und Geborgenheit, leidfreiem Leben und Vertrauen zur Sprache kommt. So sind diese Paradieserzählungen nicht historische Berichte aus ferner Vergangenheit, sondern sehnsüchtige Erwartungsaussagen für die nahe Zukunft. Insofern sind sie zeitlos gültig, weil es dabei um die Grundfragen menschlichen Daseins geht. Das Paradies ist also kein geografischer Ort, sondern ein anderer Zustand, das Glück, die Sorglosigkeit, die Seligkeit.
Ist das eine Illusion? Ein Traum?
Vielleicht.
Aber soll man denn immer nur denen recht geben, die sagen: Gewalt und Krieg, Not und Hunger und Tränen hat's immer schon gegeben, das wird auch künftig so bleiben; da kann man nichts machen?
Es wäre schon schön, wenn es ein bißchen weniger Angst auf der Erde gäbe und ein bißchen mehr Glück.
Warum sollte das, was durch den Menschen zerstört wurde, nicht wiederhergestellt werden – durch den Menschen?
Sind die, die so fragen und daran arbeiten, Träumer, gar Spinner?

Manchmal wird einem das Paradies angeboten.
Es gibt Urlaubsparadiese. Paradiesäpfel. Paradies-Steppdecken.

Eine Villa kann ein Paradies sein. Eine schöne Landschaft auch. Die Werbung verspricht uns oft, daß wir uns wie im Paradies fühlen könnten, wenn wir dieses kaufen oder jenes besitzen. Das Paradies ist aber nicht zu kaufen. Die Sachen, die man bekommt, gaukeln uns eine heile Welt vor, für ein paar Tage oder Wochen. Manchmal sollen wir durch diese Dinge bewußt abgelenkt werden von dem Leidvollen und Unmenschlichen, das sonstwo geschieht.
Manchmal fühlt man sich wie im Paradies. Dann, wenn man sich verstanden, angenommen, anerkannt, vor allem geliebt weiß. Ein privates Glück, das jedem zu gönnen ist.
Aber vielleicht gerade der, der das erfahren hat, kann sich nicht zurückhalten und zurückziehen in seinen Genuß im stillen Winkel. Weil er weiß, daß es das ›Paradies‹ gibt, für ihn, wird er daran arbeiten, daß ein gleiches ›Paradies‹ auch für andere Menschen möglich wird.
Man kann einem Menschen das Leben zur Hölle machen. Man kann einem Menschen sein Leben zum Paradies machen. Beides ist möglich.
Übrigens: nicht nur das Leben eines einzelnen und einzigen Menschen.

1.
»Ich kann sie einfach nicht finden.«
»Was ist denn? Was hast du denn? Suchst du was?«
»Natürlich«, sagt Michael, »die Bibel such' ich.«

»Ach du liebe Zeit, haben wir so was überhaupt im Haus?«
»Mutti hat gesagt, ihr hättet eine zur Hochzeit bekommen.«
»Na, dann muß sie ja irgendwo sein.«
»Mutti hat gesagt ...«
»Mutti hat gesagt! Was die immer nur zu sagen hat. Also wenn du mich fragst, ich habe sie nicht nur nicht, ich habe auch keine Ahnung, wo sie stecken könnte.«
»Ich wollte ja auch nur gefragt haben«, sagt Michael.
»Tut mir leid«, erwidert der Vater, »ich kann dir nicht helfen. Wozu brauchst du sie denn überhaupt?«
»Dreimal darfst du raten.«
»He, werd nicht frech, du! Mußt du was auswendig lernen?«
»Nein, auswendig nicht.«
»Aha«, sagt der Vater.
»Was meinst du denn mit ›Aha‹?«
»Nur so«, antwortet der Vater, »wenn du doch nichts auswendig zu lernen hast, dann ist es ja auch nicht weiter schlimm, wenn du keine Bibel hast, oder? Am Samstag fahren wir zu Opa. Der hat eine, du, die ist vielleicht so –«
Der Vater zeigt mit den Händen, wie groß Opas Bibel ist.
»Schade.«
»Schade? Ich kann dir auch nicht helfen. Hab' keine Ahnung. Sei doch froh, wenn du keine findest, dann hast du eine prima Ausrede!«
»Mutti sagt, zur Hochzeit habt ihr eine Bibel bekommen. Hast du da nie mal reingeschaut?«
»Quatsch! Wie du wissen könntest, komme ich im Laufe der Woche noch nicht einmal dazu, den SPIEGEL zu lesen.«
»Ich meine jetzt früher.«
»Früher? He, was haben sie denn mit dir gemacht!? Du scheinst ja ganz scharf drauf zu sein. Und so etwas ist mein Sohn! Nicht zu glauben. Was suchst du denn darin?«
»Gar nichts! Da ist nur so 'ne Geschichte drin von einem, der hieß Jona, der Finken hat sie uns erzählt, ich fand sie prima, und jetzt wollte ich sie mal nachlesen. Das ist alles.«
»He, du, das hätte ich ja gar nicht in dir gesucht. Alle Achtung. Weißt du, ich hatte mich früher mehr für Abenteuergeschichten interessiert, richtige Heldensagen und so, die verschlang ich massenweise und konnte gar nicht genug kriegen, wirklich, du, die

kamen eine Zeitlang in der Bücherei gar nicht damit nach. Die mußt du dir mal holen, sag' ich dir, wenn dir's langweilig ist ...«
Die Mutter kommt ins Wohnzimmer und will wissen: »Hast du sie?«
»Nein«, sagt Michael.
»Ach was«, erwidert der Vater, »der soll sich gefälligst was anderes suchen, was Richtiges, meine ich.«
Die Mutter geht wieder in die Küche, ohne ein Wort zu sagen.
Der Vater liest weiter in einem Magazin.
Michael verabschiedet sich. Er geht ins Jugendzentrum.

2.
Eine Statistik aus dem Jahre 1974 weist aus, daß in der ganzen Welt sechs Millionen Bibeln, über zwölf Millionen Exemplare des Neuen Testaments und viele Millionen verschiedener Bibelteile verbreitet sind.
Insgesamt gibt es rund 3000 Sprachen bzw. Dialekte; vollständige Bibeln oder das ganze Neue Testament gibt es in 625 Sprachen. Kein anderes Buch ist in so viele Sprachen übersetzt worden wie die Bibel.
Die Bibel, das Alte und das Neue Testament, entstand im Laufe von rund 1000 Jahren. Das Alte Testament ist in hebräischer, das Neue Testament in griechischer Sprache geschrieben. Zwischen 1521 und 1534 wurde das Buch mit seinen 1000 Seiten von Martin Luther ins Deutsche übersetzt.
In ihm ist die Rede von den verschiedensten Typen von Menschen, die lange Zeit vor uns gesucht und gefragt, gesiegt und verloren haben, schuldig geworden sind, Recht sprachen, die Erde mitgestalteten. Daneben erfährt man etwas von unbekannten Ländern und Städten, über die Geschichte der Völker: Kultur-, Religions- und (leider auch) Kriegsgeschichte; von ihren Sitten und Gewohnheiten; Zeugnisse ihres Glaubens und Unglaubens; Gebets- und Liedsammlungen; Volksweisheiten, Sprichwörter, Reden, aber auch philosophische Weisheit, wie zum Beispiel das Predigerbuch, in dem das Wort ›Gott‹ kein einziges Mal vorkommt.
Wer die Bibel liest, kann nicht aufhören, weil sie ihm nicht nur Antworten auf sein persönliches Leben gibt, sondern ihn auch zum Nachdenken, zum Fragen ›verführt‹. Sie ist kein Automat, aus dem erbauliche oder fromme Sprüche herausfallen. Sie ist vielmehr ein

Buch, das einen dazu anregt, mit sich selbst zu reden und mit anderen ins Gespräch zu kommen: Wozu bin da ich? Was für einen Sinn hat das, wozu man »Leben« sagen kann? Was bleibt übrig und was hat Bestand?

Wer die Bibel liest, der wird auf Schritt und Tritt ebenso an- wie aufgeregt, weil das, was er zu lesen bekommt, alles andere als selbstverständlich ist. Sie zeigt eine Welt, wie sie ist, und sie zeigt auch, wie die Welt einmal aussehen soll; sie zeigt den Menschen, wie er ist, illusionslos, und sie zeigt, auf was es mit ihm einmal hinausgehen soll; sie zeigt das Leben in einem anderen Licht, aus einer anderen Perspektive. Sie spricht aus einer Richtung und in einer Dimension, die oft – nicht immer – zu unseren Gewohnheiten und Meinungen quer geht. Da kann nicht jedermann einwilligen.
Es gibt Schwierigkeiten beim Lesen und Verstehen der Bibel. Dabei ist es nicht einmal, wie man häufig bemerkt, der große zeitliche Abstand, der uns trennt und Schwierigkeiten macht; auch nicht die Sprache. Es gibt moderne Übersetzungen für unsere Zeit in unserer Sprache. Es ist weit mehr die Eigenkraft der Gedanken, das uns Ungewohnte, Unbekannte, Unwillkommene, die uns lärm- und bildüberschwemmten Menschen stutzig macht und verständnislos zuweilen.
Es muß nicht unbedingt am Buch selber liegen, das weiß grundsätzlich jeder Leser, wenn man die eine oder andere Seite schwer versteht. Es kann auch am Leser liegen, der kompliziert ist.
Und was die häufigste und schwierigste Bürde ist, Zugang zur Bibel zu finden, das sind unsere Vorstellungen von einem himmlisch-überheiligen Buch, das sind unsere Vorurteile, als sei die Bibel ein weltfremdes Buch, das von ferner Gotteswelt erzähle und mit dem Menschen von heute nicht im entferntesten etwas zu tun habe.
Das stimmt sicher nicht. Das Menschliche ist zu allen Zeiten gleich: seine Sorgen, seine Ängste, seine Hoffnungen und Erwartungen, das Leid, seine Begrenzung, sein Glück, seine Freiheit. Was sollte sich daran geändert haben?
Wer die Bibel zu lesen beginnt, merkt recht bald: Sie ist kein sakrales Objekt, ohne menschlichen Bezug. Ganz im Gegenteil. Sie ist nachgerade nur am Menschen interessiert, an seiner Geschichte und Biographie, an seinen Beziehungen und seinem Dasein in der Zeit, die ihm gegeben ist. Liest man sie fragend, erfährt

man verwundert: Da kommen genau unsere Probleme zur Sprache. Unsere Stärken und Schwächen im Umgang mit großen und kleinen Menschen; Fairneß und Schwindel in der Wirtschaft; Klugheit und Dummheit in der Politik; Freude und Leid in der Familie; der Konflikt zwischen den Generationen; es sind unsere Wünsche und Sehnsüchte, die da zur Sprache kommen; es geht um unsere Erde, die wir mitgestalten als Anwälte für die, die mit uns leben, und für die, die nach uns geboren werden.
Darüber hinaus ist die Bibel spannend und aktuell, überraschend und gescheit, ganz und gar nicht langweilig, sondern interessant, vor allem für den, der wissen will, was war, was ist und was werden wird oder soll.

1.
»Wie heißen die?« fragt der Vater zurück.
»Blue angels«, antwortet Gert.
»Ach du grüne Neune! Ausgerechnet so ...«
»Was gibt's denn da dran zu wundern?«
»Na, wenn ich das recht übersetze, sind das die ›blauen Engel‹, oder stimmt das etwa nicht?«
»Na und?«
»Haben die auch Flügel«, fragt Gerts kleine Schwester.
»Ach Quatsch!«
»Und dicke, rote Backen und weiße Kleider?«

»Und sehr brav und fromm und hilfsbereit«, ergänzt der Vater.
»Ich weiß gar nicht, was ihr wollt«, sagt Gert, »das ist doch bloß so ein Name und hat mit den Engeln überhaupt nichts zu tun, vorausgesetzt, ihr glaubt so 'n Zeug.«
»Du etwa nicht?« fragt Gerts Schwester. »Glaubst du nicht, daß es Engel gibt?«
»Nein, Schwesterherz, so was gibt's nicht. Das ist eine Erfindung der Bibel und eine Sache für die Kleinen. Ich habe das früher auch einmal geglaubt, vor allem in der Weihnachtszeit, wenn man die Dinger aus Holz überall zu sehen bekommt ...«
»Na, du wirst auch noch dahinterkommen ...«
»Ich möchte aber nicht, daß es keine Engel mehr gibt.«
»So, so?! Und warum?«
»Das weiß ich auch nicht. Aber es ist so schön zu wissen, daß es Engel gibt.«
»So kannst nur du reden«, sagt der Vater.

2.
Das Engelbild ist einerseits geprägt von der Vermischung der verschiedenen biblischen Vorstellungen mit altorientalischen und griechischen, speziell christlich sind aber diese Bilder, wie wir sie aus der Kunstgeschichte und der Volksfrömmigkeit kennen, sicher nicht.
Ein Theologe (Claus Westermann) schrieb einmal: »Es werden viele Geschichten von Engeln erzählt, die ihre Pointe gerade darin haben, daß der Engel von dem, welchem er ›erscheint‹, zunächst nicht erkannt wird. Das ist ja nur möglich, wenn er an seiner Kleidung als solcher nicht kenntlich ist. Ein Engel im klassischen Gewand hätte es heute ziemlich schwer, sein Inkognito zu wahren! Wenn wir im Ernst den Gedanken zu denken wagen, daß uns heute noch Engel begegnen ..., dann geht es gar nicht anders: sie müßten schon moderne Kleider tragen.«
Engel mit Flügeln, langen weißen Kleidern und runden Backen, die zwischen Himmel und Erde schweben, gibt es nicht.
Darf man deswegen das Wort »Engel« nicht mehr in den Mund nehmen?
Manchmal sagen Leute zu einem anderen: »Du bist ein Engel«, oder sie sagen: »Dich hat der Himmel geschickt.« Das sind dann Menschen, die erfahren haben, daß sie ihre Hoffnung nicht weg-

werfen müssen, daß sie nicht allein sind; daß ihnen, ungeplant und eigentlich unerwartet, geholfen wurde; daß sie im Grunde mit ihrer Kraft, mit ihren Einfällen und Möglichkeiten am Ende waren.
In diesem Fall war der »rettende Engel« möglicherweise ein Nachbar oder ein kleines Kind.
Auf das Äußere kam es dabei überhaupt nicht an, sondern auf das, was von diesem Menschen ausging; auf sein Tun oder sein Reden.
Wenn wir heute von Engeln reden, dann wollen wir damit zum Ausdruck bringen, daß die Beziehungen der Menschen zueinander sich nicht immer planen oder berechnen oder errechnen lassen. Sie sind nicht sicher voraussagbar, aber sicher herstellbar in dem Sinne, daß man einem anderen in einer bestimmten Situation zum Engel wird.
In Märchen und Geschichten, Liedern und Gebeten sehen die Engel fast unmöglich aus, meist tun sie auch Unmögliches. Über ihr äußeres Aussehen, so wie sie beschrieben und gemalt wurden, darf man ruhig lächeln. Es wäre aber dumm, den »Engeln der Landstraße« oder den »Engeln der ...« zu bestreiten, daß sie Unmögliches tun können. Das weiß der, dem ein »Engel« auf unglaubliche Weise begegnet ist.

Es müssen nicht Männer mit Flügeln sein,
die Engel.
Sie gehen leise, sie müssen nicht schrein,
oft sind sie alt und häßlich und klein,
die Engel.

Sie haben kein Schwert, kein weißes Gewand,
die Engel.

Vielleicht ist einer, der gibt dir die Hand,
oder er wohnt neben dir, Wand an Wand,
der Engel.

Dem Hungernden hat er das Brot gebracht,
der Engel.
Dem Kranken hat er das Bett gemacht,
er hört, wenn du ihn rufst, in der Nacht,
der Engel.

Er steht im Weg, und er sagt: Nein,
der Engel,
groß wie ein Pfahl und hart wie ein Stein –
es müssen nicht Männer mit Flügeln sein,
die Engel.
(Rudolf Otto Wiemer)

Propheten

1.

»Kennst du einen alttestamentlichen Propheten mit vier Buchstaben? Aber Elia ist es nicht, das sag' ich dir gleich. Der zweite Buchstabe ist ein ›m‹.«

»Keine Ahnung«, sagt Gisi. »Ach doch, das ist vielleicht der mit dem Walfisch, Opa.«

»Meinst du den Jona? Aber der hat doch ein ›o‹ an der falschen Stelle.«

»Dann ist sicher dein ›m‹ falsch!«

»Nein, du, das andere stimmt haargenau. Übrigens, habt ihr denn die Propheten noch nicht im Konfirmandenunterricht durchgenommen? Als ich so alt war wie du, da hätt' ich die wie am Schnürchen hersagen können. Ich glaube fünfzehn sind's, stimmt das?«

»Weiß nicht, Opa. Ich kenne Propheten nur aus den Kreuzworträtseln.«

Der alte Mann schüttelt den Kopf.

»Nein, so etwas, da geht das Kind nun schon über ein Jahr in den Konfirmandenunterricht und kennt noch nicht einmal die Propheten!«

»Kennst du sie denn alle noch? Und überhaupt, bitte, sag mir lieber mal, was das ist: ein Prophet!«
»Das weißt du nicht? Hast du noch nie was von ›prophezeien‹ gehört? Ein Prophet ist einer, der die Zukunft voraussagen kann, das weiß man doch.«
»Stimmt das? Ich meine, glaubst du denn wirklich, daß es so was gibt?«
»Das ist doch nicht so wichtig, ob ich das glaube. Aber daß es sie gegeben haben muß, daran habe ich keinen Zweifel.«
»Ach, Opa, so einfach möchte ich mir's auch mal machen können.«
»Das verstehe ich nicht«, antwortet der Opa.
»Macht nichts«, sagt Gisi, »aber wenn du mir hilfst, daß ich heute abend ins Kino darf, dann hole ich sogar die Bibel und suche nach deinem Propheten mit dem ›m‹ als zweiten Buchstaben.«

2.
Schade, daß man von den Propheten so wenig weiß.
Sie waren keine Weissager oder Voraussager, sondern Ansager. Zum Beispiel sagten sie ihren jeweiligen Zeitgenossen an: So und so ist die Lage. Machen wir so weiter, wird's so und so enden. Sie nannten die Dinge in aller Öffentlichkeit beim Namen, ohne Angst um die eigene Person. Eine besondere ›übernatürliche‹ Begabung gehört dazu nicht, sondern Zivilcourage, Mut.
Mut? Ja. Denn das, was die Propheten den Menschen ihrer Zeit ansagten, war keine Schmeichelei; sie bekamen von ihnen nicht zu hören, was sie gerne hören wollten. Die Propheten waren gute Beobachter und sahen die Gegenwart an mit den Augen Gottes. Dann sagten sie: Nein, das ist nicht in Ordnung. So hat sich das Gott nicht gedacht, das ist nicht sein Wille.
Um diesen Willen Gottes ging es den Propheten; um Gerechtigkeit und sozialen Ausgleich, um Wahrheit und Friede, und sie sagten an, auf welche Weise die Menschen den Willen Gottes erfüllen konnten, nicht um Gottes, sondern um der Menschen willen.
Diesen Willen Gottes sagten sie nicht etwa nur im Tempel an (wie z. B. Hesekiel), sondern auch auf den Marktplätzen (wie Amos), in den Straßen und Gassen einer Großstadt (wie Jona) oder im Königspalast (wie Jeremia). Dieses Wirken in der Öffentlichkeit war natürlich auch ein politisches Wirken. Das blieb meistens nicht ohne Folgen. Die damalige Gesellschaft reagierte auf sie genauso

wie eine spätere: Engagierte Redner muß man mundtot machen. Solche Menschen, meistens einzelne, die mit Mut, ohne Angst um sich selbst, der Gesellschaft einen Spiegel vorhalten, gegen bestimmte als Unheil erkannte Richtungen protestieren, Alternativen aufzeigen und sich – wenn es um den Willen Gottes geht – durch nichts und keinen einschüchtern lassen, gab's und gibt's Gott sei Dank zu allen Zeiten. Ohne sie wäre manches anders gelaufen. Denn jede Zeit und jede Gesellschaft kann sich glücklich preisen, wenn sie solche Unruhestifter und Infragesteller hat.

Auf der anderen Seite scheint es nach allem, was wir aus den biblischen Quellen und aus der Geschichte überhaupt wissen, das Los eines Propheten zu sein, als einzelner auf verlorenem Posten zu stehen. Ihre Ansage »Unsere Entscheidungen in der Gegenwart haben ihre Folgen für unsere Zukunft« fand nie den Beifall der Massen. Natürlich auch nicht den Beifall derer, die die Massen beherrschten. Es fällt darüber hinaus auch auf, daß sie selten – ob das nun Jesaja war oder Haggai oder wer auch immer – Anhänger fanden. Vermutlich lag das daran, daß sie auch keine Gruppen suchten, nicht um Menschen warben. Als einzelne traten sie auf und blieben es auch, möglicherweise darum, um sich auf diese Weise ihre Unabhängigkeit und ihre Freiheit zu bewahren.

Heute, wo Verhältnisse in der Regel von den Weisungen eines Teams in allen wirtschaftlichen, politischen und sozialen Bereichen bestimmt werden, hat es ein einzelner noch schwerer als vor 2500 Jahren, dagegen aufzukommen. Wahrscheinlich ist es sogar ganz unmöglich geworden.

Das Thema der biblischen Propheten lautet: Gott oder der Götze. Ein Götze ist ein Werk eines Menschen. Er hat ihn geschaffen, verehrt ihn, betet ihn an. Wer einen solchen Götzen (z. B. einen Baum oder einen Stein, aber auch eine Lehre, eine Parole, Sachen – Menschen) verehrt, macht sich abhängig, unfrei. Der Götze herrscht dann über ihn, macht ihn zu einem Sklaven. Götzendienst heißt: nicht mehr über sich selber bestimmen können; sich unterwerfen. Götzendienst ist ein Stück Entmenschlichung des Menschen.

Götzen haben übrigens auch Namen. In der Bibel heißen sie einmal Baal und Astarte, dann aber auch Volk, Besitz, Macht, Ehre, Land, Geld. Lauter Dinge, von denen man sich auch heutzutage das Heil, das Glück verspricht.

Diesem Götzendienst stellten die biblischen Propheten den Gottesdienst gegenüber. In diesem Gottesdienst geht es um ein anderes Heil des Menschen: er findet es dadurch, daß er teilt, auf Macht verzichtet, nicht für Geld alles macht, Land und Boden nicht ausbeutet und nicht an die Überlegenheit seines Volkes über andere glaubt.

Einige biblische Propheten analysieren nicht nur die gegenwärtigen Verhältnisse und Zustände, um bestimmte unsoziale, unmenschliche Zustände anzuprangern, sondern sie reden von einer künftigen messianischen Zeit, also von der Zukunft. Sie haben einen Traum. Sie träumen »vom Heil für alle Menschen«. Sie glauben an das Reich Gottes, in dem Menschen leben können – ganz – nicht verkrüppelt, heil – nicht zerstört, ohne Hunger, Jammer und Gewalt: der Traum von einem anderen Zustand, wo ein Mensch ohne Angst leben kann.
Die messianische Zeit ist eine solche Zeit; sie führt einen solchen Zustand herbei. Sie ist nicht nur Wohlstand und Wohlergehen (das haben die Propheten nie behauptet), sondern Sorgenfreiheit, Frieden, Glück.
»Man kann sagen, daß die moderne Geschichte eigentlich kaum denkbar ist ohne den ungeheuren Einfluß der messianischen Idee und auch nur ganz zu verstehen, indem man sich genau fragt, wie und wo sie sich durchsetzt und wie und wo sie verdorben wird« (Erich Fromm).

Die Christen glauben, daß mit Jesus Christus das messianische Reich angebrochen, wenn auch noch längst nicht verwirklicht ist, und sie arbeiten daran, daß einmal Wirklichkeit werden wird, was gemeinhin als unmöglich gilt: die Brüderlichkeit aller mit allen.
Solange die Erde noch nicht so ist, wie sie nach Gottes Willen sein soll, bedarf sie der Propheten, ihrer Beobachtungen und Kritik, Erfahrungen, Warnungen und Träume, um andere zu animieren zu allen Zeiten für einen Weg nach vorn.

1.

Sabine wünscht sich von ihrer Oma zur Konfirmation ein Kreuz. Sie beschreibt es ihr genau, wie es auszusehen hat: nicht zu klein, aber auch nicht zu groß, vielleicht drei Zentimeter, und aus Silber muß es sein, unbedingt aus Silber, natürlich mit einem Kettchen.

Die Oma wundert sich. »Also, da komm ich nicht mehr mit, das merk' ich schon«, sagt sie, »erst wolltest du in deinen ältesten Jeans konfirmiert werden, und jetzt soll's auf einmal ein Silberkreuzchen sein.«

»Na und«, sagt Sabine, »das ist doch kein Gegensatz.«

»Ich weiß nicht recht«, antwortet die Oma, »sag mal, hat man denn heute so etwas wieder? Zu meiner Zeit, da durfte man zur Konfirmation keinen Schmuck tragen, noch nicht einmal einen Armring oder eine Uhr, nur so ein schmales Kettchen mit einem Kreuz war gestattet.«

»Na, siehst du, Oma, soviel ist da gar nicht anders geworden, wie du das immer meinst.«

»Ja, ist das denn Mode geworden, ein Kreuz zu tragen?«

»Weiß ich nicht. Ich finde es stark.«

»Eigentlich ein starkes Stück, wenn man bedenkt, was es mit dem Kreuz auf sich hat.«

»Ach, Oma, verdirb mir doch nicht die Freude. Also kaufst du es mir oder nicht. Sag!«

»Ich meinte ja nur.«

»Also ja?«

»Von mir aus. Aber eigentlich finde ich das nicht so gut, wenn du so ein kleines Kreuz wie ein Amulett trägst. Weil sich's nicht verträgt.«
»Hab' ich doch gar nicht gesagt.«
»Ich habe es ja auch nicht so gemeint. Ich bin halt der Meinung, Sabine, daß man so etwas nicht so gedankenlos um den Hals hängen soll.«
»Also, erstens einmal werd' ich mir schon was dabei gedacht haben, und zweitens weiß ich auch, daß das was mit dem Jesus zu tun hat, also so ist es ja auch wieder nicht.«
»Habt ihr mal darüber geredet?«
»Über das Kreuz, meinst du? Im Unterricht?«
»Ja, über das Kreuz auch. Und wie es dazu kam, daß man den Jesus gekreuzigt hat, und was das Kreuz für einen Sinn hat.«
»Eigentlich nicht.«
»Waaas? Wirklich nicht? Ja, über was denn sonst?«
»Da kommst du nun wirklich nicht mehr mit, Oma, wir haben doch jetzt Kurse, das läuft ein bißchen anders als zu deiner Zeit, und da geht's um alles Mögliche.«
»Um was denn zum Beispiel?«
»Das kannst du am Vierzehnten erfahren, wenn du mit in die Kirche gehst. Du gehst doch mit?«
»Ja«, sagt die Oma, »das lass' ich mir doch nicht nehmen. Und über den Jesus habt ihr nie gesprochen?«
»Doch«, sagt Sabine, »mal am Rande. Eine Geschichte oder mal irgend so ein Wort, weißt du.«
»Da muß ich mich aber sehr wundern.«
»Trag's leicht, Oma«, sagt Sabine, »immerhin weiß ich zu deiner Beruhigung, daß sie ihn gekreuzigt haben. Und da fällt mir ein: Bekomme ich jetzt das von dir oder nicht?«
»Ja«, sagt die Oma, »wenn du es dir wünschst, kauf' ich es dir gerne.«

2.

Vor fast 2000 Jahren gab es einen, der war ein Mensch wie wir. Er kam auf die Welt wie wir, hatte Eltern, Brüder, Schwestern. Er hieß Jesus.
Er war fröhlich wie wir, und wenn er traurig war, weinte er – genau wie wir. Er hatte gute Tage, da gelang ihm alles. Er hatte aber auch

schlechte Tage, da ging ihm vieles daneben.
Obwohl er doch so war wie wir, war er doch anders als wir. Er lebte nicht für sich allein, dachte nicht nur an sich selbst, sondern war der Freund aller. Er wollte alles für alle.
Sein Herz schlug vor allem für die, die krank und klein waren, mit denen keiner etwas zu schaffen haben wollte und die ohne Hoffnung waren. Ihnen allen war er wie ein Bruder.
Er wurde zwischen 6 und 4 *vor* unserer Zeitrechnung geboren; so genau weiß man das heute nicht mehr. Genau weiß man, daß zu jener Zeit der Kaiser des römischen Weltreiches Augustus hieß, und sein Stellvertreter in Palästina, dem Land, in dem Jesus geboren wurde und starb, war Cyrenius. Der hatte dort keine leichte Aufgabe, denn die Bewohner waren natürlich nicht darüber begeistert, daß die Römer, eine fremde Besatzungsmacht, das Land regierten.
Jesus lernte zunächst den Beruf eines Zimmermanns. Diesen Beruf übte er auch noch aus, als die Familie später nach Kapernaum zog.

Er war schon ziemlich alt, als er seinen Beruf aufgab und einer Berufung folgte. Er glaubte, den Menschen Neues ansagen zu müssen. Und er glaubte sich dabei im Einverständnis mit Gott. Den nannte er sogar seinen Vater.
Er sammelte eine Gruppe von Freunden um sich, die man auch Jünger nennt. Es waren gerade zwölf. Er hatte zweifellos noch mehr Anhänger, es kamen immer neue hinzu – darunter auch erstaunlich viele Frauen.
Die frommen Leute im Lande, in der jüdischen Religion groß geworden, sahen das nicht gerne. Sie glaubten den Willen Gottes zu kennen. Sie bestritten, daß Jesus nach Gottes Willen lebte und handelte. Sie lehnten Jesus ab, sie wurden zu seinen Feinden.
Sie verklagten ihn nach einer gewissen Zeit bei einem anderen Vertreter des römischen Kaisers; das war Pontius Pilatus. Sie sagten, in Wahrheit sei Jesus ein Revolutionär, er wolle den römischen Staat bekämpfen. Diese Beschuldigungen waren, wie andere auch, völlig aus der Luft gegriffen.
Aber Pontius Pilatus hatte keine andere Wahl. Man forderte von ihm einen kurzen Prozeß. Dazu kam es denn auch mit dem Schuldspruch: Tod am Kreuz.
Wahrscheinlich wurde Jesus am 7. April des Jahres 28 oder 30 in

Jerusalem gekreuzigt. Er starb nachmittags um drei Uhr. Er sprach noch sieben Worte. An diesem Tag registrierte man in der Hauptstadt ein Erdbeben mittlerer Stärke.
Jahre später haben einige das Leben und Wirken Jesu aufgeschrieben. Vier haben sich besondere Mühe gegeben: Matthäus, Markus, Lukas, Johannes. Man nennt sie die vier Evangelisten.
Sie alle berichten: Dieser Jesus hat imponierend gelebt, hat Eindrucksvolles getan. Kein anderer vor ihm hat sich je so um schwache, kranke, ängstliche, verzweifelte Menschen gekümmert wie er. Kein anderer vor ihm hat soviel für die Freiheit der Menschen getan; das konnte er nur, weil er so frei war, sich selber zu leben, in dienender Freiheit und in freier Dienstbarkeit; er wußte sich nur gebunden an Gott.
Die Meinung über ihn war gespalten. Die einen standen ihm zur Seite, jubelten ihm zu, freuten sich mit ihm, gingen mit ihm. Was er im Namen Gottes zu sagen hatte, beeindruckte sie. Und sie haben auch erfahren, wie Jesus Menschen von falscher Sorge, Angst, Druck, Tradition, Leid befreite. Sie hielten große Stücke auf ihn, nannten ihn sogar ›Sohn Gottes‹. Kein Wunder, daß sie – wenn sie von ihm sprachen oder über ihn schrieben – ins Schwärmen gerieten.
Andere aber lehnten Jesus ab. Vor allem die Gelehrten zweifelten an seinem Verstand und an seinem Glauben. »Den Sabbat soll man heiligen«, haben sie gelernt und gelehrt, »Gott will es so.« Alle gehorchten, nur einer nicht: Jesus. Er belehrte sie: Das Leben ist wichtiger als der Sabbat.
Man wunderte sich auch darüber, daß Jesus einen ›schlechten Umgang‹ hatte. Nein, sagte man, wenn der von Gott eine Ahnung hätte, würde er sich nicht mit solchen Leuten einlassen. Jesus antwortete: Gerade für sie bin ich da. Sie sollen es am eigenen Leib erfahren, daß Gott sie liebt.
Die Priester und die gelehrten Leute waren sich einig: Einer aus der Provinz, aus Nazareth, ein Arbeiter, unstudiert, kann nicht wissen, was wir wissen. Er hat von Gott keine Ahnung.
Die Linken im Lande, die Zeloten, eine kämpferische Partei, Partisanen im Kampf gegen die Römer, glaubten zuerst, ihn auf ihrer Seite zu haben. Als sie jedoch erfuhren, daß Jesus jede Art von Gewalt ablehnte, zeigten sie sich enttäuscht und verachteten seine Milde, machten sich lächerlich über seinen Aufruf zur Nächstenlie-

be; ganz verschüttet hatte er es bei ihnen, als er forderte, man solle auch seinen Feind lieben.
Die römische Besatzungsmacht ließ Jesus nicht aus den Augen. Sie erkannte bald, was sich da zusammenbraute, daß durch ihn die Ordnung gestört wurde, und erklärte ihn folgerichtig zum Störenfried. Mit den Störenfrieden machte man damals, wie heute auch noch, kurzen Prozeß.

Diesem Jesus ging es um das Glück der Menschen. Er konnte keinen leiden sehen. Er konnte an keinem vorbeigehen, der ihn brauchte. Wenn es irgendwie in seinen Kräften stand, verhalf er den Menschen zur Befriedigung ihrer Bedürfnisse. Er heilte ihre Krankheiten. Er gab ihnen zu essen. Er tröstete sie. Er holte sie aus ihrer Einsamkeit und Sorge. Zum Glück des Menschen gehörte für ihn die Selbstbestimmung des einzelnen und die freie Gemeinschaft mit anderen.
Es kommt hinzu, daß Jesus eine Erfahrung von einem möglichen Zustand vermittelt, die er »seinen« und »unseren« Vater nennt, der genauso wie er selbst das Glück (das Wohl, das Heil, die Erlösung) der Menschen will. Dieser Gott, von dem Jesus erzählt, ist nicht ein Gott, der unsere Unterwerfung will, sondern unsere Größe, unsere Freiheit, unsere Selbstbestimmung, die Erfüllung all unserer Träume und Sehnsüchte. Zwischen Jesus und dem von ihm verkündeten Gott besteht sozusagen eine Interessengleichheit, dieselbe, die man in sich entdecken kann.
Man kann seine Lehre – verkürzt – etwa so zusammenfassen:
Das Sabbatgesetz, das strenge, absolute Prinzip, darf man brechen, wenn es um den Menschen geht. Die Beherrschung des Menschen durch tabuisierte Verordnungen und Bestimmungen, Gewohnheiten und Sitten ist, jedenfalls im Prinzip, aufgehoben. Auf diese Weise hat Jesus unheimlich befreiend gewirkt.
Alle Menschen sind Gottes Kinder, niemand ist ausgeklammert, keiner hat mehr oder weniger Rechte. Wenn alle Menschen Kinder Gottes sind, sind alle gleich. Es gibt keine Unterschiede.
Dieser Gott kennt keine Außenseiter, er schreibt keinen ab. Es gibt nicht nur Schuld, sondern auch Vergebung.
Der Mensch soll seinen Nächsten lieben wie sich selbst. Mein Nächster, den ich annehmen, lieben soll, kann auch mein ›Feind‹ sein.

Es gibt nur eine Form der Gewalt: die sanfte Macht der Liebe.
Der Mensch lebt nicht nur vom Brot allein.
Liebe geht vor Recht.

3.
Jesus hat so geredet, auch erzählt, daß es die Leute verstanden. Oft benutzte er Gleichnisse, das war damals eine gängige sprachliche Form. Einige Zeitgenossen konnte er überzeugen; die Mehrheit nicht. Die er überzeugte durch seine Worte und Werke, erlebten, wie das, was er sagte und tat, Menschen veränderte, wieder zum Gehen, Lachen und Leben brachte. Für sie war Jesus glaubwürdig.
Und diesen Glauben gaben sie auch dann nicht auf, als Jesus am Kreuz starb. Im Gegenteil. Sie sagten jedem, der es hören wollte: Er hat für uns gelebt, er ist auch für uns gestorben. Wir wollen nun in seinem Sinne miteinander leben. Wir wollen ihm auch jetzt noch nachfolgen; wollen das tun, was er gesagt und getan hätte, würde er noch leben. Denn: was er lehrte und ausrichtete, war kein Wahnsinn. Wir glauben, daß Jesus Gott verstanden hat; daß er exakt das sagte und wirkte, was recht ist vor Gott.
Und sie faßten den Beschluß: Wir geben nicht auf. Wir machen weiter. Das, was Jesus in die Welt gebracht hat, lohnt und ist es wert, daß es nicht verloren gehen darf. Das Kreuz ist für uns nicht ein Zeichen für das Ende von allem, sondern für den Anfang.
Und sie fingen an, von Jesus zu erzählen, in seinem Geist weiterzuleben, und so war er mitten unter ihnen.

1.
Opa braucht Ruhe, er will nicht gestört werden.
Opa liest Goethes Faust. Eigentlich Jahr für Jahr, so um die Osterzeit. Er sagt immer: »Das gibt mehr her als hundert Osterpredigten.«
Früher war Opa Lehrer. Und weil er damals noch die Schüler in allen Fächern zu unterrichten hatte, gab er auch den Religionsunterricht.
»Da hatte ich immer meine Schwierigkeiten. Ich las mit den Kindern die Ostergeschichten von der Auferstehung Christi, aber ich konnte sie ihnen nie so recht erklären. Ich habe mich da immer so drum rumgeschwindelt.«
An den Osterfeiertagen sei er immer in die Kirche gegangen, auch in der Hoffnung, von den Pfarrern etwas für seinen Religionsunterricht zu lernen. Aber jedesmal sei er eigentlich enttäuscht worden.
»Auferstehung«, sagt er, »das kann man im Faust lernen. Auferstehung, die ganze Natur, das Aufatmen der Schöpfung, das Neuwerden des Lebens, ja, so.«
Die Familienmitglieder lächeln immer ein bißchen darüber.

2.
Bei Paulus, dem ersten Zeugen der biblischen Auferstehungsgeschichte, liest man: »Einer stattlichen Reihe von Menschen hat sich der Auferstandene gezeigt – viele leben noch, man kann sie befragen – mir ganz zuletzt.« Sein Thema: Tod und Leben, Kreuz und Auferstehung.
Und in den vier Evangelien: Nur drei Frauen, die sich fürchteten, als ein Engel ihnen sagte: »Er ist nicht hier im Grab; er ist aufer-

standen.« Ein zweifelnder Anhänger, dem der Auferstandene seine Wunden zeigen muß. Zwei Weggenossen, die nicht lange allein blieben und am Abend erfuhren, daß der Dritte, der sich unterwegs zu ihnen gesellte, Jesus war. Verängstigte Freunde, versteckt, zu denen Jesus mit dem Gruß »Friede sei mit euch« kommt. Fischer, die Jesus erkannten, am anderen Ufer.
Jedoch, alle diese Berichte sind keine Protokolle, wie wir sie kennen, wenn zum Beispiel ein Unfallprotokoll angefertigt wird. Dort sind Tatsachen gefragt. Tatsachen aber brauchen, um zu stimmen, keinen Glauben.
Die Auferstehungsberichte drücken in dichterischer Weise, nämlich in Form einer Legende, aus, was die allerersten Christen nach der Katastrophe am Kreuz erfuhren: Die Geschichte Jesu ist ja gar nicht fertig. Sie geht weiter. Ihre Verzweiflung hört auf, ihre Mutlosigkeit, ihre Angst. Jener Unbekannte, jener Grüßende und Winkende, der das bewirkt, das ist er. So erfahren sie in einem ungewöhnlich-gewöhnlichen Ereignis seine Gegenwart, seine Nähe, sein Nicht-Totsein, seine Auferstehung.
Das wird ganz anschaulich erzählt, eben in Form einer Legende. Zu jener Zeit war das nichts Besonderes; wir kennen viele ähnliche Erzählungen, wonach Götter sich in Menschengestalt verwandeln, Tote wieder als Lebende erscheinen können. Eine solche Auferstehungsgeschichte, wie sie in der Bibel steht, besagt demnach nichts anderes als: Das, was mit Jesus begonnen hat, ist nicht tot, sondern lebendig. Jesus ist unter ihnen.
Allerdings nicht so wie vorher, in den Tagen seines irdischen Daseins. Vielmehr so: als einer, der mir durch sein Wort gegenwärtig ist, zu mir redet, mich bewegt, ermutigt, korrigiert. So kann das Wort eines Menschen, das gesprochene wie das gelebte, auch weiterhin für mich gelten und wird mir so zum Partner und Begleiter meines Lebens, auch wenn ein solcher Mensch schon lange tot ist.
Das haben die ersten Christen erfahren: Für die Seinen ist er nicht tot, sondern in seinem Wort ist er bei ihnen. Über die Sache Jesu wächst kein Gras. Selbst seinen Gegnern ist es nicht gelungen, ihn zum Schweigen zu bringen. Durch seinen Tod am Kreuz sind alle seine Worte erst recht wahr geworden und haben an Lebendigkeit und Wahrheit nichts eingebüßt.

Es ist also gar nicht entscheidend, ob man die Auferstehungsberichte für wortwörtlich nimmt oder nicht. Entscheidend ist, ob man sich dadurch Mut zum Leben machen läßt; ob man die gleiche Erfahrung macht, die damals jene Jünger Jesu machten.
Wo immer in der Bibel davon erzählt wird, daß Menschen an die Auferstehung glauben, tut sich etwas: Angst verschwindet, Besitz wird geteilt, Gemeinschaft entsteht neu, weitere Schritte werden gemacht, Leid wird gemeinsam bestanden, aber auch allein. Man geht aufrecht, man ist sogar bereit, für die erfahrene Wahrheit ins Gefängnis und in den Tod zu gehen.

Dazu gehören Zeugen, die das weitersagen, was sie selber am eigenen Leib gesehen und erfahren haben, und die weiterlebend kämpfen.
Christen glauben: Wo so etwas geschieht, wo man gegen Sinnlosigkeit und frühen Tod, gegen Unmenschlichkeit und aussichtslose Zukunft kämpft, ist Auferstehung. Daß Jesus nicht tot, sondern lebendig ist, auferstanden ist, das kann nicht durch biblische Geschichten, Katechismussätze, historische oder theologische Forschungen bewiesen werden, sondern nur dadurch, daß sich die »Kraft seines Geistes« durch uns erweist.
Christlicher Glaube an die Auferstehung heißt, das Unmögliche für möglich halten und sich nicht vor denen fürchten, die keinen Aufstand und keine Auferstehung wollen, sondern unsere Resignation, unsere Müdigkeit, unseren Tod.
Christen, die die Auferstehung für wahrhalten, machen sie auch wahr, indem sie den Aufstand des Lebens, die Auferstehung, wagen, in einer gemeinsamen Geschichte mit denen, die waren und die sein werden, gegen alles, was menschliches Leben bedroht, bedrückt und gefährdet.

Heiliger Geist

1.
»Und jetzt wünsche ich euch allen noch schöne Ferien«, sagte der Lehrer am Ende der Deutschstunde.
»Ferien? Daß ich nicht lache«, sagte Peter zu Gabi, »der nennt das Ferien, die drei Tage, und davon ist der Pfingstmontag sowieso frei.«
»Besser drei als gar nichts«, sagte Gabi. »Was ein Glück für uns, daß es die Feiertage gibt, meinst du nicht auch?«
»Du«, fragte Peter zurück, »weißt du denn, was die da an Pfingsten feiern?«
»Keine Ahnung. Das muß irgendwie mit der Kirche zu tun haben. Aber *was*, das weiß ich auch nicht.«
»Was weißt du nicht?» will Herr Olifan wissen, der an der Tür wartet, um sie zuschließen zu können.
»Warum man denn Pfingsten feiert?«
»Ach du lieber Himmel«, sagte Herr Olifan, »da habt ihr den Falschen erwischt.«

2.
Pfingsten ist wirklich ein komisches Fest. Es gibt wenig Leute, die wissen, warum Pfingsten gefeiert wird. Und es gibt ja auch keine Geschenke.
Schon das Wort ist komisch. Kein Wunder, es ist kein deutsches, sondern ein griechisches. Und wenn man es ins Deutsche übersetzt, heißt's »der fünfzigste«. Es wird nämlich am fünfzigsten Tag nach Ostern gefeiert.
In der Regel wird die Geschichte vom Pfingstereignis verlesen, auch erklärt. Sie steht im zweiten Kapitel in der Apostelgeschichte. Ein Auszug daraus:

»Als alle an einem Ort versammelt waren, alle Anhänger Jesu, entstand vom Himmel her ein gewaltiges Brausen, wie wenn es zu einem großen Sturm kommt. Im ganzen Haus war nichts anderes zu hören. Später erschienen ihnen Zungen wie von Feuer. Die verteilten sich überall und setzten sich auf jeden von ihnen. Und sie erlebten eine merkwürdige Veränderung, sie begannen zum Beispiel, in fremden, ausländischen Sprachen zu reden.
Es wird behauptet, sie wären voll des heiligen Geistes gewesen; er hätte das in ihnen bewirkt.
Als das Brausen begann, wußte keiner in Jerusalem Bescheid darüber, was denn das bedeuten sollte. Vollends verwirrt waren einige Ausländer, die plötzlich verstanden, wovon denn hier die Rede war.
Sie waren überrascht und sagten: ›Hört euch das mal an! Das geht doch nicht mit rechten Dingen zu. Wieso können die so reden, wie wir es von klein auf gelernt haben?‹ Menschen aus den verschiedensten Nationen waren da und wunderten sich. Wir können sie verstehen, sagten sie, sie reden in unserer Sprache von den großen Taten Gottes.
Alle waren außer sich, waren ratlos, einer wollte vom anderen wissen, was denn dies zu bedeuten habe. Manche machten's sich leicht und sagten: ›Ach, die sind ja betrunken.‹
Da fing einer der Jünger, Petrus nämlich, zu reden an ...«
Natürlich ist diese Geschichte nicht wortwörtlich zu verstehen. Es ist – wie überall – gar nicht so wichtig, was *da* steht (in der Sprache und Vorstellung und den Bildern der damaligen Zeit), sondern für uns heute ist wichtiger, was *drin* steht in dieser Geschichte. Dies nämlich: In das Leben derer, die sich im Namen Christi versammelt haben, ist ein anderer, ein neuer Geist eingezogen. Nicht der Geist der Niederlage, der Müdigkeit, des Todes, sondern der Geist des Lebens und der Auferstehung. Dadurch hat sich ihr persönliches Leben verändert, vor allem aber auch die Gemeinschaft untereinander. Davon waren die Jünger so angetan, so ›begeistert‹, daß sie sich nicht zurückhalten konnten. Alle sollten teilhaben an ihren Erfahrungen und Erlebnissen, sollten angesteckt werden von ihrem Glück. Es ging ein Ruck durch sie, sie gewannen neuen Mut und neuen Elan, es wehte auf einmal ein neuer Wind, und das alles sprach sich wie ein Lauffeuer herum.

3.
Manchmal sagt man: In dieser Familie herrscht kein guter Geist. Das sagt man auch von Schulen, Vereinen oder Betrieben. Damit will man zum Ausdruck bringen: Hier redet man aneinander vorbei, niemand wird verstanden, jeder sieht nur auf seinen Weg, es gibt keine Gemeinschaft, es geht ziemlich freudlos zu.
Manchmal sagt man von einem Menschen, man könne es sehen oder hören, wes Geistes Kind er sei. Ob der Geist der Gemeinschaft, des Verständnisses, der Liebe und des Friedens sein Leben bestimmt oder nicht.
Manchmal sagt man auch: Der war von allen guten Geistern verlassen. Damit will man ausdrücken: Der und der Mensch hat in einer bestimmten Situation spontan etwas Falsches, Unverständliches getan. Er hat nicht so gehandelt, wie zu handeln gewesen wäre.
Gelegentlich kann man hören, daß einer sagt: »Ich war begeistert.« Damit will er zum Ausdruck bringen: Ich war mitgerissen, konnte mich nicht zurückhalten, war ganz einfach hingerissen und konnte an nichts sonst mehr denken. Die Sache hat mich so ergriffen und gepackt, daß ich nicht mehr davon loskam.
Überall da, wo man sich versteht, herrscht ein guter Geist. Um diesen ›guten Geist‹ geht es an Pfingsten. Das Fest will uns dazu begeistern, mitzumachen, mitzusorgen, daß alle Menschen auf dieser Erde in Glück und im Frieden miteinander und nicht gegeneinander leben können.
Manchmal sagt man: Der und der Mensch ist geistesabwesend. Damit soll gesagt sein: Der und der Mensch ist nicht voll und ganz da. Man nimmt ihn zwar wahr, aber er nimmt uns nicht wahr. Er ist in Gedanken ganz woanders.
Es gibt auch das Gegenteil, daß man sagt: Der und der Mensch hat geistesgegenwärtig gehandelt. Damit soll gesagt sein: Der und der Mensch war im entscheidenden Augenblick zur Stelle, reagierte blitzschnell und tat spontan, ohne irgendwelche Berechnungen anzustellen, das Richtige, Notwendige.
Überall da, wo Menschen im Geiste Jesu geistesgegenwärtig handeln, ist etwas zu sehen oder zu merken von den Wirkungen des »Heiligen Geistes«.
Jedoch: Dieser »Heilige Geist« läßt sich nicht einteilen, verplanen, bewegen, sondern er ist es, der einen ergreift und in Bewegung bringt; eine Kraft, die uns den Schwung in unserem Leben gibt.

1.

»Das ist was für dich.«

»Meinst du mich?« fragt der Vater zurück.

»Ja, ich les' dir mal vor: ›Am kommenden Montag veranstaltet die Kirchengemeinde um 20 Uhr im Gemeindesaal einen Gesprächsabend über das Thema: Wie ist das eigentlich mit den biblischen Wundern? Alle Gemeindeglieder ...‹«

»Und so weiter und so weiter«, unterbricht der Vater, »willst du mich etwa da hinschicken?«

»Du schickst mich ja auch sonntags in die Kirche!« sagt Uwe.

»Na, das ist ja wohl was anderes, wenn du einmal alt und vernünftig genug bist, um dir selber eine eigene Meinung zu bilden, dann kannst du frei entscheiden, ob du ...«

»Bist du das?« fragt Uwe.

»Unterlaß das bitte, ja!? Du kennst genau meine Auffassung: Man muß ausreichend informiert sein, dann erst kann man sich auch eine eigene Meinung leisten und ist auf keine Vor- oder Nachbeter angewiesen.«

»Und wie ist deine Meinung über biblische Wundergeschichten?«

»Na ja, was soll ich sagen? Da gibt's natürlich Erklärungen und Auslegungen, das will ich ja gar nicht abstreiten. Aber all das nützt mir persönlich nichts, wenn da behauptet wird, daß einer übers Wasser gelaufen sei.«

»Heißt das, du glaubst nicht daran? An Wunder, meine ich?«

»So direkt kann man das wahrscheinlich nicht sagen, so schroff. Aber es gibt da bestimmte Aussagen, denen gegenuber ich meine Vorbehalte anmelden muß, rein von der Vernunft her, weißt du.«

»Also lehnst du die Wunder nicht ab, aber du glaubst auch nicht an sie?« will Uwe wissen.
»Ich lehne sie nicht ab. Wer daran glauben will, der soll es tun und soll selig werden. Von mir aus. Aber ich kann nichts damit anfangen, und mein Verstand sträubt sich dagegen, diese ganzen Geschichtchen für bare Münze zu nehmen.«
»Warum lehnst du sie dann nicht ganz ab?«
»Na ja«, sagt der Vater, »das ist jetzt ziemlich schwer zu erklären. Nicht etwa, daß du meinst, das sagte ich dir ja schon, daß ich das wortwörtlich nehme, im Gegenteil. Ich will dir mal ein Beispiel sagen: Das weißt du ja, daß ich gern lese, auch Märchen, auch erfundene Geschichten. Gut. Die sind auch nicht echt passiert. Aber aus so einer Geschichte kann man unter Umständen eine ganze Menge für sich lernen, eine Lebensweisheit beispielsweise.«
»Demnach wären die biblischen Wundergeschichten Märchen?«
»Märchen, Märchen, das hab' ich nicht behauptet! Du mußt besser zuhören, wenn ich dir etwas erkläre.«
»Also keine Märchen!«
»Deine ewige Fragerei geht mir langsam auf den Wecker. Du kannst mir doch nicht einfach etwas in den Mund legen, was ich so nie und nimmer gesagt habe. Natürlich sind die Geschichten in der Bibel keine Märchen im direkten Sinne. Sie sind der Form nach so etwas Ähnliches wie Märchen. Bloß so genau kann ich dir's auch nicht sagen. Bin ich etwa ein Fachmann?«
»Ich wollte ja bloß wissen«, sagt Uwe, »ob du am Montag abend da hingehst, wenn da ein Fachmann kommt, der das zu erklären versucht.«
»Gib mir mal die Zeitung! Wo steht denn das? – Ach so, da. – Wahrscheinlich ist das etwas für fromme Gemüter. – Hm. – Frag doch mal Onkel Willi. Weißt du, so allein möcht' ich da auch nicht unbedingt hingehen.«

2.

Wundergeschichten in der Bibel: die einen lesen sie mit Begeisterung, nehmen sie wortwörtlich, ein Zweifel an ihnen wäre für sie Unglaube. Andere finden die Wundergeschichten fast schockierend, weil sie unseren heutigen naturwissenschaftlichen Erkenntnissen widersprechen; ein Großteil jedoch ist an der Frage, ob Wunder möglich seien und ob sie tatsächlich so geschehen seien,

wie es da steht bzw. wie man sie heute zu verstehen habe, ganz und gar uninteressiert. Sie halten ein Gespräch darüber für Zeitvergeudung.
Das ist von Gemeinde zu Gemeinde zu verschieden. Aber es ist sicher keine Seltenheit, wenn die Verfechter einer wortwörtlichen Bibelauslegung und die der modernen Wissenschaft verpflichteten Menschen aneinandergeraten.

Übrigens ist das nicht erst in unserer Zeit so. Seit ungefähr 250 Jahren stehen sich die beiden Gruppen gegenüber und fordern, daß der Mensch zwischen Bibel und Naturwissenschaft, manchmal zwischen Glaube und Unglaube zu wählen habe.
Die theologische Wissenschaft weiß, welche Rolle in der Antike, also auch in der Zeit Jesu, Wunder spielten unter Juden, Heiden und Christen. Damals rechnete man genauso mit der Möglichkeit von Wundern wie wir heute mit der Gültigkeit eines Naturgesetzes, das in einem Lehrbuch der Physik oder Chemie beschrieben wird. In der Antike galt die ›Fähigkeit‹, Wunder zu wirken, nicht gerade als etwas, was grundsätzlich jedermann tun konnte; aber besondere, begnadete Personen standen in dem Ruf, zu solchen wunderbaren Taten fähig zu sein. Wenn die Bibel von Wundergeschichten berichtet, so kommt dabei im Grunde nichts Besonderes oder Außergewöhnliches zur Sprache, wie wir das möglicherweise annehmen, sondern sie steht damit sozusagen in Konkurrenz mit der religiösen Umwelt.
Es gilt heute als sicher, daß Jesus von Nazareth eine bestimmte Anzahl von außergewöhnlichen Taten – Wunder genannt – vollbrachte, wie andere vor und nach ihm und zur gleichen Zeit auch. Es gab eben viele, die die durchaus ungewöhnliche Gabe besaßen, Kranke zu heilen. Im Vergleich jedoch mit den unzähligen Wundergeschichten in der außerchristlichen Literatur aus jener Zeit, die uns teilweise überliefert ist, nehmen die in der Bibel einen äußerst bescheidenen Raum ein. Und liest man diese Berichte aufmerksam, stellt man fest: Sie sind nichts anderes als Werbung in eigener Sache, salopp formuliert.
Von römischen Kaisern wird zum Beispiel erzählt, daß sie Kranke gesund machten, um das Vertrauen junger Männer zu erlangen. Diese sollten sich auf Grund eines solchen ›Machtbeweises‹ dazu entschließen, in eine römische Legion einzutreten. Und in vielen

Fällen erreichten die Wundertäter auch ihr Ziel.
Demgegenüber lassen die biblischen Wundergeschichten erkennen, daß es dem Wundertäter, also Jesus, nicht um den eigenen Vorteil ging, daß er Wunder nicht als Tricks benutzte, um sich ›bewundern‹ zu lassen, sondern daß er seine Worte in Taten umsetzte: Jesus will helfen, will nicht zerstören, kämpft auf diese Weise gegen Trostlosigkeit, Verzweiflung, Schmerz.
Jesus ergänzt also mit den Wundertaten nicht nur seine Worte, sondern sie sind auch Zeichen für jenen Zustand, den er ankündigte, das »Reich Gottes« genannt; ein Zustand des Glücks und der Seligkeit, ohne Sorgen, ohne Tränen, ohne Angst. Jesus, das wäre aus den Wundergeschichten zu entnehmen, rettet die Seinen aus dem ›Sturm‹ der Bedrängnis, aus dem den ganzen Menschen bedrohenden Zustand ›Hunger‹ und aus dem seine ganze Existenz umstellenden ›Tod‹ und ermächtigt die Seinen dazu, so wie er selbst gegen ›Sturm‹ und ›Hunger‹ und ›Tod‹ mit allen Kräften und Möglichkeiten anzugehen.
Auch wenn es in Einzelfragen wirkliche Unterschiede zwischen den Gruppen gibt, auf dieses Bekenntnis können sich beide einigen: »In Jesus beginnt eine neue Zeit, ein anderer Zustand ist nicht bloß denkbar, sondern möglich.«
Wichtig ist, daß man die biblischen Wundergeschichten so versteht, als Signale, die das »Reich Gottes« ansagen und an seinem Kommen mitarbeiten. Dann kann jeder, der von Jesus gelesen und ihn verstanden hat, darauf verzichten, den anderen zu verteufeln oder zu verketzern. Und ganz sicher ist jemand, der daran glaubt und daran mitarbeitet, nicht hinter der Zeit zurückgeblieben; im Gegenteil. Er steht im Dienst einer Zukunft, die lebenswert sein soll für alle Menschen. Auch für die, die noch gar nicht geboren sind.

1.

»Ich weiß nicht recht, ob das richtig war, was Karolin sagte.«

»Weiß ich auch nicht. Aber wir haben gut reden, Sabine ist ja noch klein, sie versteht das ja noch gar nicht. Was hättest du ihr denn gesagt?«

»Ich hätte ihr auf alle Fälle kein Märchen erzählt von wegen Himmel und so. Gut, zugegeben, sie ist noch klein, stimmt ja alles. Aber ich hätte ihr ganz schlicht und einfach die Wahrheit gesagt, daß Onkel Günter jetzt tot ist und daß er eben nie mehr lebendig wird.«

»Sie hat an Günter unheimlich gehangen.«

»Hm.«

»Als meine Mutter starb, ich war damals zehn, da hat man mir gesagt, die Mutti sei jetzt im Himmel und es gehe ihr gut, und sie sei gar nicht traurig, und sie sehe jeden Schritt, den ich tue, und wisse ganz genau Bescheid über mich, und wenn ich einmal selber tot bin, dann würde ich sie treffen und wieder mit ihr schmusen können.«

»Und wie hast du das aufgenommen? Das muß doch schrecklich gewesen sein für dich, diese ewige Kontrolle, meine ich.«

»Schrecklich? Kann ich nicht sagen. Manchmal, kann ich mich erinnern, habe ich mich selbst korrigiert, wenn ich dieses und jenes tun wollte und mir dabei vorstellte, daß das meine Mutti sieht. Also, ich weiß nicht,

aber geschadet, seelisch, meine ich, hat mir das sicher nicht. Im Gegenteil: Wenn ich irgend etwas Gutes oder Schönes tat, dann hatte ich das Gefühl, daß jetzt meine Mutter das sieht und sich darüber freut. Na, und anderes hab' ich sein lassen.«
»Sag mal, glaubst du denn das heute noch?«
»Eigentlich nicht mehr. Nein. Jeder Mensch lebt nur einmal, und wenn er tot ist, dann ist er tot. Vielleicht kommt noch was hinterher, ich weiß auch nicht, so etwas wie ein Gericht. Komisch, darüber habe ich noch nie richtig nachgedacht, findest du das nicht auch wunderlich, daß wir noch nie darüber geredet haben?«
Er fragt: »Über den Tod, meinst du? Und was dann aus uns wird?«
»Ja«, sagt sie, »immerhin ist das ja das Sicherste, was wir von unserer Zukunft wissen.«
»Also wenn du mich fragst«, sagt der Mann, »ich glaube, daß mit dem Tod alles aus ist.«
»Glaubst du das wirklich?«

2.
»Mit dem Tod ist alles aus« – immer mehr Menschen glauben, daß die Hoffnung auf ein Weiterleben nach dem Tod eine Illusion ist. Man bekommt zu hören: Die Kirche hat jahrhundertelang diese Illusion bewußt gezüchtet und so die Menschen daran gehindert, an der Veränderung der sie bedrückenden, unmenschlichen Zustände zu arbeiten. Die eigentlichen Sehnsüchte der Menschen würden jedoch nicht in einem Jenseits in Erfüllung gehen, sondern in einem Diesseits. Not, Sorge, Leid und Tränen sind nicht der Weisheit letzter Schluß, sondern es gibt eine Erlösung: Sorglosigkeit, Lachen, Freude sind möglich.
Ein solcher Glaube ist im Einverständnis mit dem Neuen Testament. Man darf jedoch nicht verschweigen, daß die Kirche Heil, Erlösung oder Seligkeit in der Hauptsache *nach* dem Tod stattfinden ließ, in einem nicht-irdischen Bereich.
Das ist mindestens insofern verwunderlich, als jedenfalls das Alte Testament solche Aussagen nicht macht. So glaubte das Volk Israel, daß es durch sein eigenes Handeln die irdische Herrschaft Gottes herbeiführen oder verzögern könne. Diese irdische Herrschaft Gottes versprach dem Volk ein paradiesisches Leben: Keine Kriege mehr, kein Haß und keine Rachegedanken; Angst und Not wird es nicht mehr geben. Man glaubte, man könne diesen Zustand

schon jetzt – wenigstens stückweise in seinem Bereich – beginnen lassen durch ein gerechtes, mitmenschliches Verhalten; mit dem Propheten Micha (Kap. 6,8) gesprochen: indem er »Gerechtigkeit übt, seinem Mitmenschen gegenüber sich brüderlich verhält und demütig ist vor seinem Gott«. Die Früchte für ein gottwohlgefälliges Leben erntet man entweder in diesem Leben oder überhaupt nicht. Das war lange Zeit Glaube in Israel.

Dieser Glaube wurde durch die Alltagserfahrung widerlegt: Ein Gottloser kann im Wohlstand leben, und ein Gläubiger wird von Unglück nicht verschont. Das ist Hiobs Frage: Lohnt es sich überhaupt unter diesen Umständen, die Weisungen Gottes zu befolgen?

Diese Frage wurde mit der These von einer ausgleichenden Gerechtigkeit in einem anderen Leben beantwortet: Es gibt einen Ausgleich. Den guten Menschen wird es nach dem Tod gutgehen, die Bösen aber werden für ihre Taten bestraft. Um 150 v. Chr. hat sich diese Vorstellung endgültig durchgesetzt, wobei Israel die Überweltvorstellungen aus seiner religiösen Umwelt aufnahm.

Einen Schritt aber machte man nicht mit: Es ist nicht wie in anderen Religionen von der Möglichkeit die Rede, erneut geboren zu werden und zu sterben. Das »zweite Leben« galt als unsterblich. In Israel, wie auch später im Christentum, ist das irdische Leben entscheidend und einmalig; hier stellt der Mensch seine Weichen für seine spätere Zukunft. Durch »gute Werke« kann er sich sein Heil gewissermaßen verdienen, aber sich auch die Gnade Gottes schenken lassen, der allein bestimmt, wer in seine Nähe darf.

Sowohl im Judentum als auch im Christentum bekommt das irdische Leben – im Gegensatz zur hinduistischen oder buddhistischen Religion, die an eine Widergeburt in verwandelter Form auf dieser Erde glauben – Würde und Wichtigkeit. Indem es unwiederholbar ist, ist nicht nur jede Sekunde kostbar, sondern es besteht auch die Verpflichtung, jede Sekunde seines Lebens zu nützen. Es wird nämlich nichts vergessen, und es geht nichts verloren. Der Mensch muß hier wirken, denn: Später ist es zu spät.

Ist demnach also doch mit dem Tod nicht alles aus?

Die Propheten in der Bibel beispielsweise hatten keinerlei Jenseits-Vorstellung und lebten trotzdem mit einer Haltung, die man »Glauben« nennen kann, in einer ausschließlichen Diesseitigkeit.

Und wer so lebt, der braucht sich nicht um seine Zukunft Angst zu machen, zumal er durch Christus weiß: Was wäre das für ein Leben und für eine Welt gewesen, wenn mit dem Tod dieses einen Menschen alles ›aus‹ wäre! Ein solcher Mensch wäre nur sich selbst alles gewesen. Wer sich selbst »alles« ist, kann sagen, daß nach seinem Tod »alles aus ist«. Wer jedoch weiß, daß er sein Leben nicht aus sich selbst hat, auch nicht für sich selbst, der weiß und glaubt, daß mit ihm nicht alles aus ist, sondern weitergeht. Insofern gibt es eine Unendlichkeit, eine Ewigkeit.

In ein jenseitiges Reich auszuschweifen ist uns nicht geboten; dazu fehlen uns die Begriffe. Feststellbar ist jedoch eine Sehnsucht, daß diese oft so ungerechte und entsetzliche Welt nicht das einzig Wahre sei, die Sehnsucht nach einer ausgleichenden Gerechtigkeit, daß es einen Gott gibt, der sie schenkt. Das Grauenhafte, der Tod kann nicht das letzte Wort haben.
Die christliche Religion hält diese Sehnsucht nach einem ›Ausgleich‹ aufrecht. Diese Welt, »ein Tal voll Hunger, Jammer und Gewalt«, ist nicht die Welt Gottes. Es muß etwas anderes geben. Danach sehnen wir uns, daraufhin leben und arbeiten wir, aber mit Bestimmtheit können wir es nicht sagen, nur glauben.

1.
Sibylles beste Freundin ist Petra, und Petras beste Freundin ist Sibylle. In der Klasse weiß das jeder. Die zwei, sagen die anderen, sind unzertrennlich. Wc die eine ist, ist auch die andere.

Eines Tages sagt Sibylle zu Petra: »Ich finde es schade, daß wir nicht immer zusammen sein können. Weißt du was? Du könntest doch mal gleich nach der Schule mit mir heimgehen, bei uns essen und bei uns schlafen. Und am nächsten Morgen gehen wir zusammen zur Schule. Du, das wäre Klasse.«
Petra ist sofort einverstanden. »Natürlich muß ich erst noch meine Mutti fragen. Papa hat sowieso nichts dagegen, glaub' ich nicht. Am besten wird sein, wir fragen gleich heute mittag, dann könnten wir schon morgen einen ganzen Tag und fast eine ganze Nacht zusammen verbringen.«
»Wieso fast?«
»Na ja, so zwei, drei Stunden müssen wir schon schlafen, oder etwa nicht?«
Da haben die beiden einiges zu lachen, aber auch zu bereden.
Sibylles Mutter hat nichts dagegen. »Vorausgesetzt«, sagt sie, »Petras Eltern sind auch damit einverstanden und ihr macht mir keine Dummheiten.«
»Danke, Mutti«, sagt Sibylle, »du bist wirklich stärker als Ali.«
Wenig später kommt sie noch einmal in die Küche.
»Du, da wäre noch was ...«
»Na –?«
»Irgendwie ist das blöd, weißt du, mit dem Beten vorm Mittagessen. Langsam kommt mir das kindisch vor, die Sprüchlein vor der Suppe. Könnten wir das nicht mal sein lassen, wenigstens für eine Weile?«
»Meinst du wegen Petra?«
»Nein, nicht wegen Petra. Doch, auch. Aber überhaupt, meine ich. Ich glaube, in unserer Klasse betet niemand vorm Essen. Von Schäfers weiß ich das, ich habe mal mit Petra darüber geredet. Weißt du, ich sehe da ganz echt keinen Sinn dahinter. Warum eigentlich beten wir vor dem Essen?«
»Vielleicht«, sagt Sibylles Mutter, »damit du nicht so gedankenlos dein Essen hinunterschlingst.«
»Deswegen?« fragt Sibylle ungläubig zurück.
»Vielleicht auch noch, daß du und ich und die anderen nicht alles so selbstverständlich nehmen, was wir haben.«
»Das läßt sich aber doch auch anders sagen«, wendet Sibylle ein, »deswegen muß man doch nicht die Hände falten und den Kopf senken.«

»Da hast du vielleicht recht«, sagt die Mutter.
Sie unterhalten sich noch lange darüber.

2.
Wir können beten, ohne die Hände zu falten und den Kopf zu senken. Vielleicht ist es sogar besser, wenn man beim Beten jemandem ins Gesicht sieht und offene Hände hat. Wir können auch beten ohne ›Sprüchlein‹. Jesus selber hat Gebete gesprochen, die sich nicht reimen. Er hatte überhaupt etwas gegen die sogenannten schönen Worte beim Beten. »Du sollst nicht plappern«, sagt er einmal, »nicht soviel Worte machen. Die vielen Worte bringen's nicht.« Und dann fügt er hinzu: »Wenn du betest, dann tu's nicht unbedingt in aller Öffentlichkeit, sondern dort, wo du mit dir und Gott allein bist.«

Wenn jemand über sich selbst, über sein Leben und das Leben anderer Menschen nachdenkt, hat er schon viel getan. Er weiß, daß er nicht allein ist, daß er nicht immer seinen Willen durchsetzen kann, daß er nicht für sich selber lebt, und von sich selber, daß man Rücksicht zu nehmen hat auf andere Menschen, daß ihm weder das Leben noch ein anderer Mensch noch die ganze Erde gehört, auch nicht ein Stückchen davon, daß es andere nicht so gut haben wie er selbst und daß es Menschen gibt, die ihn brauchen.
Es gibt viele Menschen, die nicht beten. Die nicht vor dem Essen die Hände falten und etwa beten:

»Es mangelt uns in dieser Stunde nicht
an Nahrung, die du freundlich uns gewährst.
Schenk uns, Herr Jesu Christ, die Zuversicht,
daß du uns morgen wiederum ernährst.«

Aber seit Menschen auf der Erde leben, haben sie über sich selber nachgedacht, über ihre Mitmenschen und ihre Welt. Sie haben dankbar von dem geredet, was sie hatten und was ihnen geschenkt wurde. Sie haben gestöhnt und geklagt über das, was sie entbehren mußten und was sie traurig machte. Sie haben sich erinnert an das, was einmal war, und haben gefragt nach dem, was einmal sein wird. Sie haben von sich selber geredet, von dem, was schön ist, und von dem, was schlimm ist. Und sie wollten, daß das Schöne für alle da ist und daß das Schlimme verschwindet. Sie wußten freilich aber

auch zu allen Zeiten, daß sie das nicht allein schaffen konnten.
Natürlich stimmt es: die Menschen können sehr viel, manchmal mehr, als sie meinen. Wer darüber nachdenkt, was er kann und was er nicht kann, der betet eigentlich, auch wenn er das anders nennen würde.
Wenn wir beten, lernen wir uns besser verstehen. Wir lernen, wie wir dran sind, mit uns selber und mit anderen. Wir lernen, was wir haben und was wir wirklich brauchen.

Es gibt Menschen, die meinen, sie tun Gott einen Gefallen, wenn sie beten. Jesus hat uns einmal gesagt: »Macht nicht viele Worte! Euer himmlischer Vater weiß, was ihr braucht.« Das meint: Richtiges Beten ist gar nicht für Gott da. Es ist für uns da. Wir sind die, die es nötig haben.
Zum Beispiel: Wir haben Geschwister, wir haben Eltern, wir haben Freunde, nette Bekannte. Was wären wir ohne sie? Wie würde unser Leben ohne sie aussehen? Was wären die Kinder ohne Eltern? Was wären die Eltern ohne Kinder?
Ja, man kann das und anderes gedankenlos hinnehmen wie ein Hund; so tun, als wäre das selbstverständlich und könnte gar nicht anders sein. Man kann aber auch das alles, was man hat und was einem angehört, genießen und selig sein im Geben und im Nehmen. Das wäre dann das rechte Beten, auch wenn dabei keine Hände gefaltet werden. Denn Beten heißt: Bedenken und dankbar sein.
Darum sollten eigentlich die Worte meines Gebetes auch meine eigenen Worte sein. Denn ich weiß ja am besten, wer und was für mich wichtig ist, was und wen ich brauche, was und wen ich schätze, was mich dankbar und glücklich macht. Und warum sollte ich darüber nicht reden?
Manchen Menschen fällt das schwer. Nicht nur Kindern, den Erwachsenen fast noch schwerer. Sie können nicht so recht ausdrükken, was für sie wichtig und nötig ist, was sie eben dankbar und glücklich macht. Sie übernehmen darum gern Sätze oder ganze Gebete von anderen, die eine ähnliche oder die gleiche Erfahrung machten. Sie sagen sich: Ich kann's nicht besser sagen.
Andere aber brauchen die Sätze und Wörter und Reime anderer nicht. Sie sagen einfach das, was ihnen in den Sinn kommt, erzählen vielleicht sogar:

»Ich bin froh, daß ich nicht allein bin; daß ich nicht ohne Liebe aufwachsen muß.«
Oder vielleicht so:
»Ich habe keine Freunde. Ich weiß nicht, warum; ich weiß nur, daß mir das etwas ausmacht. Irgend etwas läuft bei mir verkehrt. Wenn ich nur wüßte, was?«
Oder so:
»Ich bin. So bin ich. Bin ich wirklich so? Spiele ich mir oder den anderen nicht nur etwas vor? So stark, wie ich immer vor den anderen tue, bin ich ja gar nicht. Wenn die wüßten, wie schwer mir das fällt!«
»Mir glückt so wenig, ich kann so wenig, ich bin der Letzte, und sie wissen es alle. Manchmal werde ich ausgelacht, von den Eltern ausgeschimpft. Dann glaube ich, daß niemand mich liebhat. Aber es heißt doch, daß du, lieber Gott, auch die Kinder liebhast, alle, auch die, die so sind wie ich. Hab mich ganz fest lieb, dann geht es mir besser.«
»Es gibt viele Menschen, denen es nicht so gutgeht wie mir. Ich möchte ihnen etwas abgeben. Es ist nicht recht, wenn ich andere vergesse. Es sollen mir Wege und Möglichkeiten einfallen.«
»Anja hat jetzt keinen Papa mehr. Ich kann mir gar nicht vorstellen, wie das ist. Oder doch?«
»Es war schön heute, wirklich schön. So müßten alle Tage sein, solche Tage müßte es für alle geben. Ich will mal aufzählen, wer alles dafür gesorgt hat, daß dieser Tag so schön wurde.«

Es gibt Menschen, die meinen, keinen Grund zum Danken zu haben. Das heißt, sie sehen keinen. Ihr Herz ist traurig, sie sind unsicher, leer, auch mißtrauisch, enttäuscht. Sie können nichts und keinem nachsprechen, sie haben auch keine Worte mehr. Sie sind ganz einfach sprachlos geworden. Ob sie schon einmal bedacht haben, was in der Bibel steht: Schon ein Seufzer, ein Stöhnen kann ein Gebet sein, das nicht unerhört bleiben muß. Auf die Zahl der Worte kommt es wirklich nicht an.
Wer gern nachdenkt, wer sich für viele und vieles interessiert und wer sich in der Welt ein bißchen nur umhört und umsieht, Neues entdeckt, Verwunderliches, Überraschendes, Nichterwartetes und Nichtgeplantes, der lernt nicht nur auf diese Weise zu beten, sondern sogar, daß Beten Spaß machen kann.

Wer Arbeit und Werk und Leistung nicht zu wichtig nimmt, wer manchmal sich nur Gedanken macht und nachdenklich ist und »sich durch die Gegend träumt« – auch unerlaubterweise –, der wird dadurch deutlicher erkennen, was schön ist und häßlich, was er tun kann und nicht tun kann und was er zusammen mit anderen besser machen kann für alle diejenigen, die möglicherweise dazu nicht fähig sind.
Es beten also viel mehr Leute, als man meint.

Es gibt ein ganz altes Sprichwort, das heißt: Ora et labora. Das ist lateinisch, und auf deutsch heißt das: Bete und arbeite. Das meint: Unsere Arbeit soll vom Gebet begleitet sein, oder aber auch: Unser Bedenken begleitet alles Tun. Also nicht: einmal das eine, dann das andere, sondern – beides geht ins andere über. Wenn wir bedenken, was wir tun können, wie wir das Heilsamste, das Beste tun können für uns und andere Menschen, beten wir.

Abendmahl

»Du?«
»Was gibt's?«
»Kann ich dich mal für 'nen Augenblick stören?«
»Für einen Augenblick – ja.«
»Warum heißt das Abendmahl denn Abendmahl?«
»Weil's nicht Morgenmahl heißt.«
»Du hättest dem Jungen aber auch eine andere Antwort geben können, Günter. Wie kommst du denn darauf?«

»Steht in der Zeitung: Hauptgottesdienst 10 Uhr, anschl. Abendmahl.«
»Was heißt da andere Antwort«, fragt der Vater. »Hast du etwa eine bessere? Kann ich mir nicht vorstellen. Weißt du, so machen's die von der Kirche, daß man's nie richtig weiß und versteht, und dann sagen sie, wenn du zu uns kommst, erklären wir's ...«
»Hast du dir's erklären lassen?«
»Ja, aber das ist eine Ewigkeit her.«
»Und hast du nicht gefragt, warum das Abendmahl Abendmahl heißt?«
»Die Frage hat mich nie bedrückt, ehrlich, von mir aus kann man dazu grad sagen, was man will.«
Die Mutter wendet ein: »Ich finde das nicht gut, wie du dem Jungen seine Frage beantwortest. Wenn er sonst eine Frage hat, dann gibst du dir viel Mühe, um es ihm genau zu erklären, holst auch mal Bücher. Vor allem nimmst du ihn ernst. Aber den Eindruck habe ich jetzt nicht.«
»Dann sag' du es ihm doch!«
»Weißt du«, sagt die Mutter, »als Jesus gekreuzigt wurde, saß er am Abend zuvor mit den Jüngern zusammen, und sie haben dann auch gemeinsam gegessen ...«
»Aha, darum Abendmahl.«
»Ja. Und das Abendmahl in der Kirche soll die Gläubigen daran erinnern, vor allem an Jesus.«
»Wäre es da nicht richtig«, unterbricht der Vater, »wenn man in der Kirche abends das Abendmahl ausgibt.«
»Ich glaube nicht, daß es auf die Tageszeit ankommt.«
»Das ist natürlich wohl bedacht, Irene«, sagt der Vater, »abends ginge überhaupt niemand mehr hin. Da ist doch schon morgens kaum mehr einer da.«
»Du mußt es ja wissen«, sagt Arnos Mutter.
»Na, Schlange stehen wird man wohl nicht müssen!«
»Habt ihr früher auch mal mitgegessen?«
»Mitgegessen? Du bist gut!«
Die Mutter sagt: »Natürlich. Und übrigens dein Vater auch. Das war bei unserer Konfirmation. Nur wer konfirmiert ist, darf auch am Abendmahl teilnehmen. Heute, glaube ich, darf man schon ein Jahr früher zum Abendmahl gehen.«
»Darf!«, sagt der Vater, »wenn ich das schon hör'. Die sind doch

froh über jeden, der überhaupt noch kommt.«
»Wer ist froh?«, will Arno wissen.
»Die Pfarrer natürlich.«
»Kriegen die dann mehr Geld oder was?«
»Natürlich nicht«, sagt die Mutter, »erzähl bitte keine Märchen. Aber es ist doch ihr Beruf, möglichst viele Menschen an Jesus zu erinnern. Um das geht es ihnen doch in der Hauptsache.«
Arno fragt: »Und was gibt's denn da zu essen?«
Der Vater: »Ein exzellentes Mahl. Ein Stück trockenes Brot, vielleicht so groß wie ein Streichholz, und hinterher ein kleines Schlückchen Wein. Aber der ist immer gut, hat Klasse.«
»Also Günter, ich finde es nicht fair, wenn du Dinge, die mit der Kirche zu tun haben, so heruntermachst. Weißt du, wie es dich ärgert, wenn ich mal so 'ne scherzhafte Bemerkung über deinen Fußball mache?!«
»Ich sag' doch nur, was ist, was willst du denn. Ich habe Arno gesagt, daß es was zu essen und zu trinken gibt. Brot und Wein.«
»Du hast mich schon verstanden.«
Arno unterbricht das Zwiegespräch: »Ja, warum eigentlich gibt es denn nicht etwas anderes?«
»Das ist so. An diesem letzten Abend vor seiner Kreuzigung hat Jesus zu seinen Jüngern gesagt: ›Das ist mein Leib und mein Blut‹, er hat dann das Brot verteilt, und alle haben Wein aus einem Kelch getrunken. Und nach seinem Tod sollten sie es genauso weitermachen, sich dabei erinnern ...«
»Du, Mutti, aber ich versteh' das auch nicht.«
»Wenn's erlaubt ist, das verstehen noch nicht einmal die Herren Pfarrer. Die einen verstehen die ganze Angelegenheit so und die anderen anders und die Katholiken wieder anders.«
»Stimmt das, Mutti?«
»Ja, da hat Papa recht. Die einen sagen, in dem Brot ist Jesus sozusagen drin, Brot und Wein sind wirklich Leib und Blut von Jesus. Und andere sagen, das sind nur symbolische Zeichen.«
»Nur damit ihr seht, wieviel Mühe ich mir gebe: die eine Ansicht hat was mit Luther zu tun, und die andere mit Zwingli. Die haben sich irgendwann einmal getroffen, konnten sich aber nicht einigen. Na, da staunt ihr, was?«
»Und das andere, was ist das? Symbolisch?«
Der Vater erklärt: »Mal ein Beispiel. Unser Grundstück, auf dem

unser Haus steht, das gehört uns eigentlich nicht, sondern der Stadt. Das habe ich dir schon einmal versucht zu erklären. Die Stadt hat uns das in Erbbaurecht gegeben. Wir, also du und ich und deine Kinder, vielleicht auch noch deine Enkel zahlen an die Stadt neunundneunzig Jahre lang fünfundzwanzig Mark, sozusagen symbolisch, um deutlich zu machen: das Grundstück gehört uns, aber es gehört uns dennoch nicht.«

»Also, wenn ich das recht verstanden habe«, sagt der Junge, »dann bedeutet so ein Stück Brot beim Abendmahl, daß Jesus da ist und doch nicht da ist. Ach du liebe Zeit.«

»Also, ich verstehe das so«, sagt die Mutter, »daß alle, die Brot und Wein beim Abendmahl nehmen, damit zum Ausdruck bringen wollen, daß sie an einem Tisch sitzen mit den anderen und miteinander so reden und leben, als wäre Jesus mitten unter ihnen.«

»He, Irene, was du alles so weißt, man kann ja direkt noch etwas von dir lernen. Vor allem weiß ich jetzt, warum die Katholiken Kommunion dazu sagen.«

»Natürlich, weil das was mit Gemeinschaft zu tun hat. Aber, glaube ich wenigstens, nicht so sehr als Gemeinschaft der Menschen untereinander als vielmehr Gemeinschaft mit Gott.«

»Und wenn Jesus nicht an diesem Abend mit den Jüngern gegessen hätte, dann gäbe es auch kein Abendmahl, hab' ich recht?«

»Vollkommen«, antwortet der Vater.

»Ich weiß nicht. Jesus hat sich auch schon zuvor mit Leuten an einen Tisch gesetzt, die von allen anderen aus irgendwelchen Gründen gemieden wurden. Das hat man ihm ja auch übelgenommen. Damals war Tischgemeinschaft was Besonderes. Man hat in aller Öffentlichkeit deutlich gemacht, daß man sich mit diesem oder jenem Eingeladenen solidarisiert.«

»Wenn das so ist«, sagt Arno, »dann könnte man doch zum Beispiel auch ein Abendmahl bei uns zu Hause abhalten.«

»Ob das dann dasselbe ist, ich weiß nicht. Ich glaube, daß es dann entscheidend ist, was da passiert und in wessen Namen man zusammenkommt. Bloß essen und trinken, – das sicher nicht. Aber vielleicht so: Wenn wir Leute einladen, und es kommt während oder nach dem Essen zu einem guten Gespräch über Gott und die Welt, und wir verstehen uns gut und jeder läßt den anderen spüren, daß er o.k. ist, dann ist das sicher auch so eine Art Abendmahl. Meine ich.«

»Und du sprichst dann die entsprechenden Worte, und vor allem ein Gebet. Das muß sein.«
»Günter –!«
»Na, einmal muß doch dann der Name Jesus fallen, wenn's ein Abendmahl sein soll, oder etwa nicht?«
»Glaub' ich nicht. Wichtiger ist doch das andere, daß man sich versteht. Mal so gesagt, daß man mit den Gästen so umgeht, wie Jesus mit ihnen umgehen würde.«
»Mutest du mir da nicht zuviel zu, Irene?«
»Wenn das eine ehrliche Frage ist, antworte ich dir gerne.«
»Ist ganz ehrlich gemeint.«
»Ich kann das ja auch nicht so sagen, aber ich probier's mal. Wichtig wäre dann, daß wir keine Bedingungen stellen, keine Vorurteile kennen und daß wir zu erkennen geben, daß wir da sind für ihn, wenn er uns braucht. Oder daß wir ihm vergeben, vorausgesetzt, er hat sich da irgendwie schuldig gemacht.«
»Schön sagst du das.«
»Ach, hör doch auf!«
»Aber ein Pfarrer muß doch dann nicht dabeisein.«
»Sicher nicht. Wenn die dabeisind, hat keiner mehr das Herz zu lachen. Aber wenn das stimmt, was du gesagt hast, Irene, dann müßte doch das Lachen nicht verboten sein.«
»Ich möchte bloß wissen, wer dir das Lachen verboten hat. Und frag dich doch bitte gelegentlich mal, ob das Bild, das du von einem Pfarrer hast, noch stimmt oder ob du da nicht mit einem Sack voller Vorurteile herumläufst. Wo du doch sonst etwas gegen Vorurteile hast, Günter.«
»Ich möchte mal von euch wissen, ob ihr das auch machen würdet, Leute zum Essen einladen, mit denen zum Beispiel niemand in unserem Viertel auch nur reden würde.«
»Das gibt's doch nicht!«
»Und die Ingrid? Weißt du, die voriges Jahr ...«
»Na, hör mal, ich glaube, das ginge nun wirklich zu weit. Was würden denn die anderen von uns sagen, wenn sie das erführen!«
»Und du, Mutti?«
»Ich weiß nicht recht. Ich weiß auch nicht, ob ihr das helfen würde, wenn wir sie zu uns einladen würden.«
»Helfen schon, das ja«, sagt Arnos Vater, »bestimmt, daß da jemand ist, der nichts mehr gegen sie hat und ihr nichts nachträgt.

Also das schon. Bloß in unser Haus einladen, das halte ich nicht für gut. Kannst du dir vorstellen, Irene, was zum Beispiel Kreikemeiers dazu sagen würden, von dem alten Krüger ganz zu schweigen. Und im Nu käm's in die Firma. Nein, danke.«

»Aber mal angenommen«, sagt Arno, »nur mal angenommen, du bist in der Kirche und gehst dort zum Abendmahl, ja, und die Ingrid auch, was dann?«

»Dann? Na dann ...«

Die Mutter fällt ihm ins Wort: »Vielleicht ist deshalb das Abendmahl in der Kirche, weil man sich da nicht aussuchen kann, wer da ist. In die Kirche darf und kann ja jeder kommen.«

»Aber wenn ihr da nichts gegen sie habt, also mitmacht, dann dürftet ihr auch hier im Haus nichts mehr gegen sie haben.«

»Ja. Das stimmt schon. Da hast du schon recht.«

»Kann man es ihr dann nicht auch sagen oder wenigstens zeigen, es sie anmerken lassen?«

»Wie das so ist«, sagt der Vater, »ich habe ja auch wirklich nichts gegen sie. Aber vielleicht bin ich der einzige, weiß ich's? Wenn's ein paar mehr wären, dann ja, warum auch nicht!?«

»Aber, wieder mal nur angenommen, da gingen noch ein paar mehr aus unserem Viertel zur Kirche, zum Abendmahl, und sie würden dasselbe hören und erfahren, das alles, was Mutti vorhin von der Gemeinschaft sagte; daß man im Geiste Jesu beisammen ist und keiner ausgeschlossen wird, dann ...«

»Ich weiß schon, was du sagen willst«, ergänzt die Mutter.

»Ich meine ja bloß«, sagt Arno, »dann kommt es doch gar nicht so sehr auf das Essen und Trinken an, sondern meiner Meinung nach darauf, ob man auch außerhalb der Kirche so eingestellt ist; daß man also was tut.

»So gesehen hast du recht«, antwortet der Vater.

Und die Mutter fügt hinzu: »Wir könnten uns ja mal gemeinsam überlegen, was wir tun könnten – in dem speziellen Fall, meine ich.«

Trauung

»Papa? ... Papa!«
»Hm. –«
»Henry hat gesagt, daß er sich nicht kirchlich trauen läßt.«
»Sieht ihm ähnlich.«
»Wieso? Sieht man ihm das an?«
»Ach Quatsch. Aber der mit seinen linken Ideen muß natürlich so was machen.«
»Muß man sich eigentlich kirchlich trauen lassen?«
»Natürlich nicht. Aber es gehört sich eben so.«
»Wer sagt das?«
»Wer das sagt?! Wer eben etwas auf sich hält, der marschiert nicht nur im Straßenanzug aufs Standesamt, sondern der geht auch in die Kirche.«
»Und wenn man's nicht tut?«
»Dann ist man halt so einer wie Henry ... Schon der Name! ... Na, was soll's. So einer, der gegen alles ist und alles abschaffen will; bloß anscheinend die Ehe doch nicht, so inkonsequent sind diese Leute!«
»Aber Henry sagt, er bleibe auch weiterhin Christ, auch dann, wenn er sich nicht in der Kirche trauen ließe.«
»Der und Christ, daß ich nicht lache!«
»Ist einer, der sich nicht kirchlich trauen läßt, kein Christ?«
»Das ist doch was ganz anderes. Natürlich kann er Christ sein, auch ohne in die Kirche zu gehen.«
»Wie du.«
»Nun, das ist wiederum eine ganz andere Frage. Da müßten wir lange darüber reden. Jedenfalls, um zum Thema zurückzukommen, Mutti und ich ließen uns kirchlich trauen.«
»Seid ihr auch zuvor auf dem Standesamt gewesen?«
»Natürlich, dort wird die Ehe sozusagen rechtsgültig gemacht.«
»Und warum seid ihr dann in die Kirche gegangen?«
»Weil zum Eingehen einer Ehe mehr gehört als der rechtliche Akt

mit Unterschrift und Siegel.«
»Was denn?«
»Zum Beispiel, sagen wir mal, der Segen Gottes.«
»Ist dann eine kirchlich getraute Ehe, kann man das so sagen, eine bessere?«
»Besser, besser! Das hängt doch von den beiden ab, die sich das Ja-Wort gegeben haben.«
»Also nicht vom Segen?«
»Das auch.«
»Du, Papa?«
»Ja.«
»Muß man in der Kirche dann noch einmal ›Ja‹ sagen?«
»Klar. Aber das ›Ja‹ sagt man sich dann vor einer höheren Instanz.«
»Aha. Und die höhere Instanz gibt dann den Segen.«
»Ja, mal so gesagt.«
»Und wenn man sich nicht kirchlich trauen läßt, wie Henry, dann bekommt man auch keinen Segen!?«
»Ja.«
»Aber man kann doch den Segen im Sonntagsgottesdienst bekommen, oder nicht?«
»Doch, das auch, aber nicht so speziell. Weißt du, so eine Trauung in der Kirche ist ganz persönlich auf das Paar ausgerichtet, das beschlossen hat, ein gemeinsames Leben zu führen, und Gott bittet, er möge ihnen dabei helfen.«
»Und darum muß man in die Kirche gehen?«
»Man ›muß‹ gar nicht. Aber eine kirchlich geschlossene Ehe ist in anderem Sinne Ehe als die nur standesamtlich geschlossene.«
»Steht das so in der Bibel.«
»Weiß ich nicht.«
»Du, Papa, wir haben nämlich gelernt, daß man immer fragen soll: Hat das Grund und Auftrag in der Bibel.«
»So, habt ihr das gelernt? Dann wird's wohl auch stimmen.«
»Und steht da was drin?«
»Wie meinst du das?«
»Na, daß, wie du gesagt hast, eine Ehe besser wird, wenn man sie vor Gott macht?«
»Erstens mal ›macht‹ man keine Ehe. Zweitens weiß ich das nicht. Du kommst dir wohl besonders klug heute vor. Und drittens, darüber haben wir noch gar nicht geredet, ist das auch eine Form-

frage. Es gibt Höhepunkte im Leben, verstehst du, und einer davon ist die Hochzeit. Und solche Höhepunkte brauchen eine schöne Form, feierliche Handlung, damit sie eben was Besonderes sind und aus dem Alltag herausragen. Auf dem Standesamt, hm, da läuft alles routinemäßig, wie am Schnürchen. Gar nicht feierlich.«

»Aber in der Kirche ist es anders.«

»Und wie! Irgendwie eindrucksvoll, bewegend, halt was Einmaliges.«

»Kann man so etwas nur in einer Kirche machen?«

»Natürlich nicht. Aber eine Kirche ist eine Kirche.«

»Du, Papa? Können das nur die Pfarrer? Du könntest das doch auch, feierliche, stimmungsvolle Worte machen.«

»Ja, könnte ich, unter gewissen Umständen. Aber der Pfarrer hält eine sogenannte Traupredigt, und dabei legt er einen biblischen Text aus ...«

»Sag mal, muß das sein?«

»Natürlich nicht, das sag ich dir noch einmal. Aber sieh mal, auf dem Standesamt, da schließen zwei Menschen bei der Heirat einen Vertrag, das ist genauso, wie wenn einer einen Acker kauft. Punkt. Fertig. Aber zu einer Ehe gehört halt noch mehr. Und bei der kirchlichen Trauung fallen dann keine Wörter aus der juristischen Fachsprache, sondern ganz andere. Da ist von der Liebe die Rede, von der Treue, von der Verantwortung, die man für andere hat, vom Glück des gemeinsamen Lebens, von der Möglichkeit, wie man einem anderen leben helfen kann.«

»Weiß das ein Pfarrer besser als einer vom Standesamt?«

»Vielleicht, aber sicher ist das nicht. Er hat ja ein Trauwort, aus der Bibel, meine ich, und das macht er zur Grundlage seiner Ansprache.«

»Und du meinst ...?«

»Ich meine gar nichts. Ich sage bloß, daß das nicht ganz so unwichtig ist, wie Henry vielleicht glaubt, welche Hauptworte in seiner Ehe eine Hauptrolle spielen. Und die Hauptwörter in der Bibel, die gehen weit über einen rechtlichen Vertrag hinaus ...«

»Liebe zum Beispiel?«

»Ja, Liebe, aber noch anderes wie zum Beispiel Treue, Verantwortung, Freiheit, Gerechtigkeit, Leben, Seligkeit, Glaube, Mut und so ...«

»Du, weißt du noch, wie dein Trauwort hieß?«

Feiertage

1.

»Es ist ein wahres Glück, daß wir die Kirche haben.«

»Wie bitte?«

»Denk doch mal. Ohne die Kirche hätten wir heute Schule. Und was hätten wir da? Sechs Stunden. Zwei davon Mathe, eine Bio, Englisch, Musik und Deutsch.«

»Schmarotzer.«

»Na und, Schwesterherz!? Hab' ich etwa die schönen Feiertage erfunden, he? Na siehste! Aber ich nehm' mit, was mitzunehmen geht. Da wär' ich ja dumm. Und nach Pfingsten ist noch so ein komischer Feiertag. Von mir aus hätten die noch ein paar mehr erfinden können.«

»Was, kommt noch mal einer? Himmelfahrt, gell?«

»Ach Quatsch, du Banause. Um dich steht's ja noch schlimmer. Himmelfahrt, meine Liebe, ist heute, verstehst du? *Heute!*«

»Stell dir mal vor, die würden die Feiertage abschaffen ...«

»Komm, mal den Teufel nicht an die Wand. Abschaffen kommt gar nicht in Frage.«

»Komisch eigentlich, daß gerade du das sagst! Sonst bist du doch so kritisch gegen die Kirche.«

»Richtig, Schwesterlein, richtig. Bloß auf die Feiertage der lieben Kirche laß ich nichts kommen.«

»Dann erklär mir doch bitte einmal, was das heute für ein Feiertag ist – Christi Himmelfahrt.«

»Muß das sein?«

»Aber ja.«

»Und muß ich dabei ernst bleiben.«

»Na, hör' mal!«

»Ehrlich, du, keine Ahnung. Echt nicht.«

2.

Pflichtmäßige Feiertage, wie wir sie heute kennen, gab es keineswegs schon immer und zu allen Zeiten. So stammt zum Beispiel die älteste Nachricht vom 25. Dezember, als dem Geburtstag Jesu, aus einem chronographischen Sammelwerk aus Rom aus dem Jahre 354. Auch das Himmelfahrtsfest war, wie viele andere Feste auch, in den ersten drei Jahrhunderten der Kirchengeschichte unbekannt. Martin Luther hat dieses Fest nicht gerade besonders hoch eingestuft, er war überhaupt der Meinung, daß man grundsätzlich alle Feiertage, die auf einen Wochentag fallen, auf den nachfolgenden Sonntag verlegen sollte.

Christentum und Kirchen stehen und fallen nicht mit ihren Festtagen, wie man das zuweilen hören kann, sondern mit dem Evangelium Jesu.

Ein Blick in die Geschichte der Kirche zeigt zum Beispiel auch, daß zu den verschiedenen Zeiten in verschiedenen Ländern mancher Heiliger mit Glanz und Gloria gefeiert wurde, von dem wir heute noch nicht einmal den Namen mehr kennen. Er geriet in Vergessenheit und mit ihm sein Fest. Vielleicht, weil sein Name im Mittelpunkt des Tages stand, und nicht der Name dessen, dem wir das Evangelium zu verdanken haben. So wurden im Laufe der Zeit immer wieder neue Feste eingeführt und später wieder abgeschafft. Andere wurden total verweltlicht und werden heutzutage nur noch mit Wein, Musik und Feuerwerk begangen.

Die Kirche ist nicht auf die Feiertage angewiesen. Sie kann das, was anzusagen ist als Frohe Botschaft, tatsächlich auch am darauffolgenden Sonntag verkündigen. Infolgedessen gibt es nicht gerade wenige, die die Meinung vertreten, man könnte bestimmte kirchliche Feiertage abschaffen. Beispielsweise alle sogenannten Zweiten Feiertage an Ostern, Pfingsten und Weihnachten, andere wie den Himmelfahrtstag oder den Buß- und Bettag im November auf einen Sonntag verlegen. Man argumentiert dabei so: Die genannten Feiertage sind ohne Beziehung zu unserem Leben und haben somit ihren eigentlichen Sinn verloren.

Wer so argumentiert, findet den Beifall der Wirtschaft und der Industrie, die allerdings aus ureigensten Gründen für eine Verminderung der Feiertage plädiert. Dort sieht man nämlich das Ganze von der finanziellen Seite und fragt sich, warum man die Kosten zu tragen hat für einen entstellten, sinnentleerten kirchlichen Feier-

tag, der nur als Herrenpartie, Besäufnisgelegenheit oder Familienausflugstag dient.
Es gibt ein Gesetz der Geschichte, daß Festtage, die ihre historische Begründung verlieren und ihrer eigentlichen Bestimmung entfremdet werden, unweigerlich zum Tode verurteilt sind.
Zudem muß sich die Kirche fragen lassen, ob sie die Verantwortung übernehmen kann für die furchtbare Bilanz von Verkehrsunfällen und -toten und für das namenlose Unglück als Folge jener entsetzlichen Ereignisse auf den Straßen unseres Landes. Eine christliche Kirche, verantwortlich für die Schöpfung und die Geschöpfe; eine Kirche, der daran gelegen ist, christliches Verständnis von Welt und Leben und Mensch publik und wirksam zu machen, kann nicht auf diese Weise mitschuldig werden an jenen traurigen Rekorden. Und wenn die Kirche klagen möchte, warum so viele Menschen heute ganz sebstverständlich außerhalb und eben nicht innerhalb der Kirche den einen oder anderen Feiertag begehen, dann muß sie zuvor sich selber die Frage stellen, weshalb es ihr anscheinend nicht gelingt, diese Tage vor einer Orgie kommerzieller Schamlosigkeit zu bewahren und ihnen ihren ursprünglichen Sinn wiederzugeben. Eine alte Regel lautet: Was keinen Sinn mehr hat, wird unsinnig. Ist die Kirche, aus welchen Gründen auch immer, nicht mehr in der Lage, einem Festtag den rechten Sinn zu geben, und läßt sie die Menschen mit einer biblischen Geschichte oder einem Glaubenssatz allein, so braucht sie auch nicht darüber zu klagen, daß diese mit solchen Tagen nichts anderes mehr anzufangen wissen, als was ihnen die Nutznießer dieser Tage einzureden versuchen, nicht ohne Erfolg.
So gesehen hätte die Kirche den Auftrag, nicht krampfhaft an den – übrigens staatlich geschützten – Feiertagen festzuhalten, sondern das, was sich überlebt hat, fröhlich zu verabschieden. Sie steht und fällt nicht damit, wenn ein ihr ohnehin verlorengegangener Feiertag verabschiedet wird.
Man kann aber auch so fragen: Ist es wirklich nicht möglich, den ursprünglichen Sinn eines Feiertages noch einmal zu gewinnen? Zu unserem eigenen Nutzen, zum Segen der Gesellschaft und zur Ehre Gottes? Ist es unmöglich, neue Formen der Gemeinschaft und der Geselligkeit zu entwickeln, die mindestens so viel Freude bieten wie vergleichbare Angebote aus dem Katalog der Feiertagsindustrie? Sollte ein Festtag nur das kirchliche 1-Stunden-Angebot am

Morgen beinhalten, aber nicht ein wirkliches Fest, wo man sich zusammenfindet, um den freien Tag mit Lust zu genießen? Gibt es denn keine Möglichkeit, daß die vielen einsamen Menschen, die sich vor den Feiertagen regelrecht fürchten, fröhlich mitfeiern können? Daß die Fremden sich nicht mehr fremd vorkommen müssen, die Gastarbeiter nicht mehr den Feiertag auf dem Bahnhof zubringen müssen? Es ist ganz sicher nicht der Wille Gottes, daß Menschen aus der Angst heraus, mit den Feiertagen nicht zurechtkommen, sich in möglichst lauten Trubel stürzen, um dort das zu finden, was ihnen die Werbung verspricht –: Leben.

Gottesdienst

1.
Zu den schlimmsten Kindheits- und Jugenderinnerungen des Herrn Engelmann gehören die Sonntage.
»Das ging so weit«, sagt er, »daß ich eine regelrechte Angst hatte vor dem Sonntag.«
Schon am Morgen, beim Aufstehen, habe das angefangen, was ihm eine Woche lang wieder Angst machte. Es begann mit den Sonntagskleidern, auf die peinlich genau achtzugeben war. Ja kein Fleck, kein Riß, auch keine Falte. Eine Kleidung, in der man sich nicht bewegen konnte.
Dann diese seltsame Stille, der gedeckte Frühstückstisch, die stummen Ansprachen der Eltern, die kurzen Ermahnungen: ›Aber doch bitte nicht am Sonntag‹.
»Ich bin«, sagt Herr Engelmann, »noch lange nicht davon frei, von

jener anerzogenen Sonntagsstimmung. So etwas schleppt man lange mit sich herum.«
Der Gang der ganzen Familie zur Kirche. Nicht etwa auf Grund eines Bedürfnisses oder irgendeiner Erwartung, einer Haltung, sondern als Ritual. Niemand habe ihn je zwingen müssen. Am Sonntag ging man um zwölf Minuten vor zehn zur Kirche, so wie man wochentags sieben Uhr acht zum Bus ging.
»Ich weiß bis zum heutigen Tag noch nicht, warum meine Eltern zum Gottesdienst gingen. Ich weiß auch nicht, warum es überhaupt Gottesdienste geben muß, in dieser sonntäglichen Regelmäßigkeit.«
Nein, Herr Engelmann hat nichts gegen die Kirche, auch nichts gegen Glocken oder Orgel oder Gottesdienste.

Jetzt wurde Bernd zum Konfirmandenunterricht angemeldet. Bernd ist Herrn Engelmanns Sohn. Der Pfarrer erwartet von den Konfirmanden, daß sie sonntags den Gottesdienst besuchen.
»Was denkst du«, will Bernd wissen, »muß ich da hin?«
Herr Engelmann sagt: »Du, ich kann dir da nicht geschwind eine Antwort drauf geben.«
Später sagt er: »Ich glaube, es ist fair, wenn du einmal deinen Pfarrer fragst, warum er diese sonntäglichen Veranstaltungen in der Kirche für nötig und wichtig hält. Ich kann mir denken, daß er dir ein paar Gründe nennen kann. Und dann, bitte, kommst du wieder zu mir, und wir beide können gemeinsam darüber entscheiden, ob du – wie du vorhin gefragt hast – da hinmußt.«

2.
Was man so tut, nur weil es so Sitte ist, ist nicht immer gut. Und was man aus Gewohnheit tut, wird leicht zum Leerlauf. Bald kann man gar nicht mehr anders und weiß nicht einmal mehr, warum. Das ist erst recht nicht gut. Es gibt viele Sitten und Gewohnheiten bei uns. Sie sind meistens sehr alt, man bekommt sie vererbt.
Es gibt Menschen, die bei dem Stichwort ›Sonntag‹ an nichts anderes als an Kirche denken. Es kommt ihnen spontan sozusagen nichts anderes in den Sinn.
Es gibt aber – weit mehr – Leute, denen bei dem Wort ›Sonntag‹ ganz andere Dinge einfallen: ausschlafen, lange frühstücken, Bücher lesen, Fernsehen, ins Grüne fahren, spielen, Gäste, vor allem

Ruhe – kein Telefon, keine Termine, kein Auto, keine Arbeit, kein Zeitdruck.
Ein Teil dieser Menschen sagt sich: Ich bin die ganze Woche über mit mir selber beschäftigt, mit meiner Arbeit, meinem Werk. Montag oder Mittwoch, immer geschieht das gleiche. Ich möchte einmal in der Woche was anderes sehen, hören, riechen, andere Gedanken bekommen, neue Anregungen, Routine verlieren, andere Leute sehen, einmal etwas anderes gesagt bekommen. Sie besuchen dann am freien Tag ein Museum, eine Ausstellung, eine Kirche.

Seit Menschen auf der Erde leben, waren sie nie ohne Fragen, immer auf der Suche nach Antworten. Jede Zeit hat ihre besonderen Fragen und eben auch ihre entsprechenden Antworten. Auch die Menschen nach uns werden ihre Fragen und Antworten haben bzw. suchen, und das werden ganz andere sein.
So sind die Fragen von heute auch anders als die vor dreißig oder dreihundert Jahren. Manche aber sind geblieben. Zum Beispiel: Wer bin ich? Wozu bin ich da? Welchen Sinn hat mein Leben? Wie kann ich leben, daß ich glücklich werde? Nicht nur ich, sondern möglichst viele mit mir und durch mich?
Antworten, manchmal auch nur Versuche von Antworten auf solche (aber auch andere Fragen) kann man in der Kirche bekommen. Das ist allerdings (leider!) nicht immer die Regel, aber auch nicht gerade die Ausnahme. Pfarrer haben sozusagen einen Vorteil gegenüber anderen: Sie wissen, weil sie es mit vielen Menschen zu tun haben, meist sehr gut, was Menschen fehlt, was sie nötig haben, welchen Träumen sie nachhängen, welche Hoffnungen sie haben, welche Fragen. Und dann versuchen sie, in der Predigt dem Gottesdienstbesucher darauf eine Antwort zu geben.
Aus sich heraus tun sie das nicht. Sie legen einen biblischen Text aus, d. h., sie erklären, was die Bibel versteht unter Welt und Leben und Mensch. Das ist nicht einfach. Manchmal gelingt's, manchmal gelingt's nicht so gut, manchmal gar nicht. Das hängt übrigens nicht nur von der Vorbereitung, vom Einsatz oder von den schönen Worten ab.
Es gibt Gottesdienstbesucher, die denken oder sagen: »Ja, genau, da komme ich drin vor in dem, was ich da zu hören bekomme. Das bin ich. Das ist mein Fall, der da verhandelt wird. Das ist mein

Problem.« Dann hören sie aufmerksam zu und haben – sozusagen – etwas davon.
Selber kann man sich selten etwas sagen.
Und es gibt Gottesdienstbesucher, die denken oder sagen: »Diese Predigt heute ließ mich kalt. Ich kam nicht darin vor. Aber dann sah ich die Leute vor mir, neben mir, und ich sah, wie sie an einer bestimmten Stelle während der Predigt nickten. Und dann fiel mir ein, daß es das eben auch gibt, dieses ganz andere, mir bisher fremd gebliebene Problem. Und ich habe dann denken müssen, wie dankbar kann ich doch sein, daß ich so etwas noch nicht habe erleben müssen.«
Wie das so ist: Man kommt nicht auf alles. Vieles muß einem erst gesagt werden.
Nun gibt es aber auch Christen, wahrscheinlich doch sehr wenige, die meinen, ein Sonntag ohne Gottesdienst sei kein Sonntag. Routinemäßig gehen sie in die Kirche rein und auch wieder raus, und sie gehen so raus, wie sie reingekommen sind. Kein Wort, keine Frage ist hängengeblieben. Das ist nicht gut.
Die Mehrzahl ist jedoch der Meinung: Ich brauche keine Kirche. Das Neue, das Andere, das Fremde erfahre ich besser aus einem Vortrag, einem Gespräch, aus einem Buch oder einer Zeitschrift. Das ist nicht schlankweg zu verurteilen, im Gegenteil. Vorausgesetzt nur, sie sagen das nicht bloß, sondern sie lesen wirklich und gehen auch hin oder laden sich ein paar Menschen ein, mit denen sie sich unterhalten, ein Gespräch führen.

Übrigens: Wo Menschen über »Gott und die Welt« – wie man so sagt – nachdenken und miteinander reden, Fragen stellen und nach Antworten suchen, die dann sogar eventuell zu Aktionen führen, findet auch ein Gottesdienst statt. Es steht nämlich nirgendwo geschrieben, daß der Gottesdienst an einen bestimmten Ort, an eine bestimmte Zeit oder an eine bestimmte Person gebunden wäre.
Die Kritik am Gottesdienst reicht jedoch noch weiter. Es sei eine Veranstaltung für Dämliche und Dümmliche, für Abhängige und Unselbständige, Kinder und alte Leute. Abgesehen aber davon, daß man durch solche Sätze Kinder und Alte diffamiert, sie sind auch falsch, weil sie voraussetzen, es gäbe Vollkommenheit des Menschen, Unabhängigkeit und Selbständigkeit. Wer zum Nach-

denken kommt über sich selbst, möglicherweise auch zum Nachdenken gebracht wird, wird sehr vorsichtig mit solchen Begriffen umgehen.
Im übrigen: Man tut nicht Gott einen Gefallen, gar dem Pfarrer, wenn man zum Gottesdienst geht, sondern sich selbst.
Ein Gottesdienst kann einen Menschen nachdenklicher, empfindlicher, verwundbarer machen für das, was uns als ›Licht‹ oder ›Schatten‹ erreicht. Es gibt keinen einleuchtenden Grund, dagegen zu sein.

3.
»Sonntag«, der Name war schon im 2. Jahrhundert gebräuchlich und wurde von der heidnischen Planetenwoche übernommen, in der dieser Tag der Sonne geweiht war.
Schon die christliche Urgemeinde feierte diesen Tag. Während die Juden am Sabbat festhielten, haben die Christen den darauffolgenden Tag als Auferstehungstag Christi zum Haupttag der Woche erklärt.
In der Bundesrepublik Deutschland darf am Sonntag laut bürgerlichem Gesetzbuch grundsätzlich nicht gearbeitet werden, von Ausnahmen in dringenden Fällen abgesehen. Die Störung der Sonntagsruhe ist sogar strafbar.
Aber nicht aus Furcht vor Strafe sollte man den Sonntag anders gestalten als einen Werktag. Ein Mensch, der die ganze Woche über nur wenige Stunden, oft genug auch nur wenige Minuten wirklich leben kann, hat ein Recht darauf, einen vollen Tag in der Woche zum echten Leben zu haben. Dazu gehört aber auch, daß er nachdenkt, sich besinnt, sich befragt oder sich befragen läßt, bedenkt, was war und ist und werden wird.
Die Kirche lädt überall in der Regel am Sonntagmorgen ein, dies in ihren vier Wänden zu tun. Sie macht allen Menschen ein Angebot, freilich in Konkurrenz zu anderen Angeboten, die möglicherweise – äußerlich gesehen – attraktiver sind. Wichtig, entscheidend für das Leben eines Menschen ist, welche Angebote er annimmt.

Pfarrer

1.

Die Mutter und die zwei Kleinen sind im Hotel geblieben. Nein, so eine richtige, zünftige Bergbesteigung ist nichts für kleine Kinder. Volker und sein Vater haben vor, einen Zweitausender zu besteigen. Schon ganz früh am Morgen marschierten sie los, natürlich mit der nötigen Ausrüstung. Es zeigte sich schon sehr bald, wie wichtig eine solche Ausrüstung war: Steine, Felsen, Abhänge, Abgründe, Felswände ... Die beiden waren mit einem dicken Seil fest miteinander verbunden. Der Aufstieg war mehr als schwierig. Kein Wunder, daß sie öfter eine Pause einlegen mußten, denn solche Strapazen waren sie natürlich nicht gewöhnt.

»Siehst du«, sagte der Vater, »da sieht noch die Welt so aus wie vor Tausenden von Jahren. Da hat sich nichts verändert. Da, in den Bergen, ist die Welt noch in Ordnung.«

»Du, Papa, Herr Gerstner hat gesagt, daß das nicht gut sei.«

»Was?«

»... wenn sich nichts ändert, hat er gesagt.«

»Das wundert mich gar nicht«, sagt Volkers Vater, »manchmal habe ich von dem den Eindruck, als würde er am liebsten die ganze Welt verändern. Das haben andere, größere Persönlichkeiten, vor ihm auch schon versucht, und weißt du, was sie erreicht haben? Nichts, sag' ich dir, die Illusionisten. Rein nichts? Nein, glaub mir, die Welt ist, wie sie ist, und dein Herr Gerstner ändert daran keinen Deut.«

»Ja, du hast ja vielleicht recht, Papa. Aber Herr Gerstner hat gemeint, daß die Welt lange noch nicht in Ordnung ist. Und darum ...«

»In Ordnung! In Ordnung! Gut, es ist nicht alles Gold, was glänzt. – Ach, gib mir doch mal die Flasche! – – Danke. – – So reden halt die

Weltverbesserer, die nichts dazugelernt haben. Weißt du, wo sie bisher immer gelandet sind? Entweder auf dem Scheiterhaufen oder im Zuchthaus. Oder es waren halt Narren, die man einfach nur auslachte. Ich will dir mal was sagen: Du mußt Realist sein, verstehst du, die Dinge so sehen, wie sie wirklich sind, alles andere hat keinen Zweck und keinen Sinn ... Wie ist es, sollen wir uns wieder auf die Füße machen? Kannst du noch?«
»Ich möchte noch ein Brot essen«, antwortet Volker. »Du, Papa, Herr Gerstner meint aber, daß das nicht ganz so sinnlos sei ...«
»Dann soll er dir oder deiner Klasse mal auch sagen, was sie denn erreicht haben, was durch sie anders geworden ist. Und überhaupt: Die wenigsten von der Sorte sind im Bett gestorben, wenn du verstehst, was ich damit sagen will. – Du mußt tief einatmen, so eine gute Luft bekommst du so schnell nicht wieder!«
Volker sagt: »Herr Gerstner sagt immer, daß man an etwas glauben muß oder so ähnlich. Jeder Mensch müsse wissen, wozu er eigentlich da ist. In jeder Stunde, du, sagt er ...«
»Kann ich mir schon denken, was er sagt. Der mit seinen schönen Worten, mehr als reden kann er aber auch nicht. Und glaubst du etwa, daß er es jemals fertiggebracht hat, etwas zu ändern? Worte, nichts als Worte; damit ist schon einmal gar nichts zu machen. Ich kann ja verstehen, daß er so reden muß, ist ja schließlich sein Beruf. – Ob wir Mutti einen Blumenstrauß mitbringen? Schau mal, die sind doch einmalig schön!«
»Au ja, das machen wir. Aber, Papa, entschuldige, aber Herr Gerstner würde dir jetzt sagen, daß Worte, nein, ›Sprache‹, sagt er, wichtig ist für die Veränderung des Bewußtseins. So sagt er das immer.«
»Das ist auch so 'ne Masche, war alles schon mal dagewesen. Sieh mal, das ist einfach so eine Erfahrung: Du kannst Reden halten, Predigten, Ansprachen, niemand wird dich daran hindern, warum auch. Ist bloß die Frage, ob denn unser Bewußtsein überhaupt geändert werden muß! Also ich zum Beispiel lebe mit ›meinem Bewußtsein‹ recht gut, denke ich, und du und Mutti und die beiden Kleinen doch auch, oder etwa nicht? Na also! Dagegen wird dein Herr Gerstner mit der Sprache, wie er sagt, nie auf einen grünen Zweig kommen. Im Leben nicht!«
»Ich glaube, Papa, daß das für den gar nicht so wichtig ist, ich meine, nicht so wichtig vielleicht wie für dich.«

»Sag' ich doch die ganze Zeit. Ist sicher ein gebildeter Mensch, prima Kerl, du magst ihn, weiß ich. Aber du mußt doch zugeben, daß jeder ein Narr ist, der sich nicht nimmt, was er bekommen kann. Gut, er ist Pfarrer, seine Sache, soll er damit selig werden. Wenn du es aber zu was bringen willst, dann werde Makler oder stell Automaten auf, zieh den Leuten die Zähne oder verkaufe ihnen Bier und Kola ...«

»Darüber haben wir auch schon gesprochen«, sagt Volker.

»So? Da ist es ja höchste Zeit, daß wir beide auch mal darüber reden. Der scheint mir ja ganz schöne linke Ideen zu haben, der gute Mann. Und natürlich wird er auch gegen das Wirtschaftssystem was haben und es abschaffen wollen, hm?«

»Weiß ich nicht. Wir haben nur mal kritisch verglichen ...«

»Eben. Was anderes hab' ich auch gar nicht erwartet. Weißt du, wer dagegen ist? Die selber nichts haben, sag' ich dir. Die Träumer – ich nehme ja nicht an, daß dein Herr Gerstner ein Revolutionsheld sein will –, die Träumer, die so lange vom Paradies träumen, bis sie wach werden und ganz realistisch feststellen: Der Rahm schwimmt oben. Verstehst du? Und wer hat, der hat. Und der ist auch was und hat infolgedessen auch was zu sagen. Zumindest hat er die Macht dazu. So ist das, und kein bißchen anders.«

»Ich glaub' dir das ja, daß das so ist. Aber glaubst du denn auch, daß das so gut ist, auf die Dauer, meine ich, also daß die einen alles haben oder fast alles und die anderen ...«

»Nichts«, unterbricht der Vater, »willst du doch sagen. Ja, das ist das einzige, woran ich glaube. Weil ich nämlich erfahren habe, du, daß jeder, der nichts hat, irgendwie selber dran schuld ist.«

»Herr Gerstner würde aber sagen, daß jeder irgendwie verantwortlich ist für das Leben. Und auch für die Erde. Was daraus wird nämlich. Wir haben da mal was gelernt, wart mal –: Ein Tal voll Hunger, Jammer und Gewalt oder die ›Stadt Gottes‹.«

»Die was?? Ach du meine Güte! Aber das ist doch gar nicht das Problem! Laß dir doch nichts vormachen, mein Junge, von denen, die nur mit Worten arbeiten, sagen wir's mal so. Du, als ich so alt war wie du, da habe ich auch geglaubt, man müsse und könne auch die Welt verändern. Aber jetzt weiß ich: das hat alles seine Ordnung, und dem Tüchtigen gehört nun mal die Welt. Das richte bitte mal deinem Herrn Gerstner aus.

»Aber wenn alle so denken würden, Papa, meinst du nicht, daß dann ...«

»Ich schlage dir vor, du läßt das Denken mal sein und packst wieder deinen Rucksack. Wenn wir nämlich so weitermachen, erreichen wir noch nicht einmal heute abend den Gipfel«, sagt der Vater. Der Weg bis zum Gipfel des Berges ist noch sehr weit.

2.

Herr Gerstner ist von Beruf Pfarrer. Er unterrichtet das Fach »Evangelische Religion« in Volkers Klasse. Volker ist in der Neunten. Nach den Ferien stellen Volker und ein paar andere in der Klasse an den Religionslehrer ein paar Fragen.

Warum sind Sie Pfarrer geworden?

Ich meine, in diesem Beruf Möglichkeiten zu haben, etwas für Menschen tun zu können. Es gibt, gerade in unserer Zeit, die so sehr geprägt ist von Leistungsdruck und Profitdenken, von Gleichgültigkeit und Gedankenlosigkeit, viele einsame, kranke, leidende, verzweifelte Menschen; Menschen, die keinen eigenen Willen mehr haben und viel Angst; die einen anderen brauchen, der sie annimmt, für sie Partei ergreift, sie tröstet, für sie redet und ihnen Mut macht zur Beseitigung ihrer Ängste und Leiden. Und ich versuche, ihnen ein solcher Mensch zu sein. Und ich werbe um andere Menschen, möchte sie gewinnen, denn allein, ohne eine Gruppe, kann man nicht allzuviel tun.

Meinen Sie, daß Sie Erfolg haben?

Eigentlich selten. Aber ich möchte die Hoffnung nicht aufgeben. Bei der Beseitigung der Ursachen, die Leid oder Angst oder Ungerechtigkeit erzeugen, braucht man jeden. Aber ich erreiche nicht jeden, kann auch nicht jeden ansprechen, und nicht jeder will sich von mir ansprechen lassen. Menschen zu gewinnen, die gegen Haß und Vorurteile, gegen Rache oder eine ganz konkrete menschliche Not kämpfen und sich vorbehaltlos für andere einsetzen, ist schwer. Das bringt ja auch nichts ein an klingender Münze etwa. Aber das liegt nicht nur daran, daß der ›Lohn‹ ausbleibt, sondern hauptsächlich daran, daß es halt verdammt schwer ist, sich zu engagieren und die eigenen Vorbehalte und Vorurteile aufzugeben. Ich kann es mir nicht selber sagen, es muß mir gesagt werden, daß man, wenn es um einen Menschen geht, nicht fragen darf, ob sich das auch ›lohnt‹.

Was hat eigentlich ein Pfarrer zu tun?

Vieles, wozu er ausgebildet wurde: Er ist Prediger, Lehrer, Seelsorger. Ein Pfarrer arbeitet also hauptsächlich mit der Sprache. Dazu gehört nicht nur die Predigt am Sonntag oder anläßlich einer Taufe, einer Beerdigung oder einer Trauung (Vorbereitungszeit zwischen zwei und acht Stunden), sondern auch der Unterricht (einschließlich dieser Vorbereitungszeit zwischen zehn und fünfzehn Stunden). Die Zeit, in der ein Pfarrer seelsorgerlich tätig ist, läßt sich nicht messen: der Besuch bei einem Kranken, der Trost braucht; der einen Menschen braucht, dem er etwas anvertrauen möchte oder mit dem er über die ihm bekannte Wahrheit sprechen will; die Hilfe für eine Familie, die in Not geraten ist; das Gespräch mit einer Mutter, die mit ihren Kindern nicht mehr fertig wird; das Telefonieren für einen, der keine Arbeit finden kann; das Verhandeln mit Behörden für die, die nicht ohne Hemmungen sind; die Vermittlung eines Platzes in einem Pflegeheim; einem Geplagten zuhören, sich mit einem Alkoholiker über dessen Probleme bereden, einem Jugendlichen wieder den Weg zurück ermöglichen oder ihn den Eltern gegenüber verteidigen usw. Ein Pfarrer ist dann oft genug nicht nur Pfarrer, sondern gelegentlich auch Sozialarbeiter, Fürsorger, Psychologe, Psychotherapeut, Anwalt.
Sodann die repräsentativen Aufgaben: Goldene Hochzeit, Geburtstage, ein Jubiläum der Stadt, eine Ausstellung, ein Vereinsereignis usw.
Will der Pfarrer auf dem laufenden bleiben, hat er nicht nur an der entsprechenden Fortbildung teilzunehmen, sondern die einschlägige Fachliteratur zu lesen, und ist er selbst literarisch tätig (und sei's auch nur, daß er einen Bericht für die Tageszeitung schreibt oder für den Gemeindebrief), kommt ein zusätzlicher Zeitaufwand hinzu.
Darüber hinaus ist ein Pfarrer Organisator (Feste, Ausflüge, Veranstaltungen aller Art) und Verwaltungsfachmann. Leider ist es so, daß der Bereich der Verwaltung (z. B. Haushaltsplan, Rechnungswesen, Schriftverkehr) sehr viel Zeit beansprucht. Gelegentlich kommen weitere Funktionen auf ihn zu. Dann ist er Baumeister, Chordirigent, Schriftleiter, Spielleiter, auch das erfordert eine gute

Vorbereitung. Schließlich gibt es die verschiedenen Sitzungen mit den gewählten Gemeindevertretern und den Ausschüssen, mit Mitarbeitern und Kollegen. Und meistens hat ein jeder Pfarrer ein übergemeindliches Amt, z. B. für Erwachsenenbildung oder Jugendarbeit, Kirchenmusik oder Religionsunterricht usw.

Welche Erwartungen stellt man an einen Pfarrer?

Daß er Geduld hat, immer gut gelaunt ist, sich jeden anhört und für alle da ist. Er soll jung sein, aber nicht zu jung. Er soll gebildet sein, aber man soll es ihm nicht anmerken dürfen. Er soll modern sein, aber nicht zu modern. Er soll es mit den Intellektuellen aufnehmen können, aber mit dem ›kleinen Mann‹ zusammensitzen. Er soll sich um die Jugend kümmern, aber den Alten rechtgeben. Er soll die Unkirchlichen für die Kirche gewinnen, aber in erster Linie die Kirchlichen besuchen. Er soll repräsentieren können, aber ja nicht zu oft. Er soll studieren, aber nicht zuviel. Er soll einen guten Unterricht halten, jeden Sonntag eine schöne Predigt, die jeden anspricht, die Traurigen trösten, sich mit den Lachenden freuen, soll Hausbesuche machen, aber ständig und allezeit, auch nachts, zu Hause anzutreffen sein, er soll Stellung beziehen, aber ja nicht politisch werden; er soll auf dem ökumenischen Gebiet wirksam sein, aber nicht darin aufgehen, soll wissen,was in den Parteien und Vereinen geschieht, aber nicht neugierig sein, er soll die Unruhe in einer Gemeinde sein, aber die Leute in Ruhe lassen, und soll auf alles eine Antwort bzw. eine Lösung bereit haben, mit denen jedermann einverstanden ist.

Meinen Sie, diese Erwartungen erfüllen zu können?

Nein. Einen Pfarrer, der das alles kann, muß man erst noch erfinden. Zudem hat auch ein Pfarrer das Recht darauf, nicht nur gelegentlich nichts weiter als nur ›er selbst‹ zu sein. Im allgemeinen haben die Leute ein ziemlich genaues Bild von einem Pfarrer, und dem hat er zu entsprechen. Entspricht er diesem Bild nicht, bekommt er leicht Schwierigkeiten. Zudem bräuchte er, um einigermaßen den Erwartungen der Gemeindeglieder zu entsprechen, viel Zeit und Beweglichkeit, Kontaktfreudigkeit und ein Improvisationstalent, vor allem aber viel Mut und Phantasie und vor allem viel Geduld. Dazu aber ist keiner allezeit und allen gegenüber fähig.

Welche Aufgaben sehen Sie persönlich als vordringlich an?

Daß Menschen durch das Mittel der Sprache zum Fragen und Nachdenken kommen, sich mit den billigen Lösungen nicht zufriedengeben und Gemeinschaft stiften, in der man lachen und leben und arbeiten kann. Das sind übrigens Erwartungen, die man seinerzeit gegenüber Jesus von Nazareth hatte. Auch er konnte nicht allen Menschen an allen Orten helfen, sondern je und dann, wenn er Menschen begegnete oder die zu ihm kamen, die auf seine Hilfe angewiesen waren.

Und welche Vorteile sehen Sie in Ihrem Beruf?

Es ist mir weitgehend selbst überlassen, wie ich meine Zeit einteile. Meine Entscheidungen werden nicht nach Gesichtspunkten wie Zweckmäßigkeit, Nutzen, Wirtschaftlichkeit bestimmt, sondern von den Menschen, die mich oder etwas von mir brauchen, oder von der Gemeinde selber, der Kirche. Kein Tag im Beruf eines Pfarrers gleicht dem anderen. Er hat im Grunde das, was in unserer Gesellschaft selten geworden ist: einen freien Beruf. Er weiß sich lediglich gebunden an sein Gewissen.

Wie lange und was haben Sie eigentlich studiert?

Insgesamt zehn Semester, also fünf Jahre, das ist der Durchschnitt. Das Studium hat 5 Hauptdisziplinen: Altes Testament, Neues Testament, Kirchen- und Theologiegeschichte, Dogmatik, Ethik sowie Praktische Theologie. Darüber hinaus ist jeder bestrebt, die Methoden und Ergebnisse der sog. Humanwissenschaften (Psychologie, Soziologie, Pädagogik) aufzunehmen.

Und was ist das Schwierigste an diesem Beruf überhaupt?

Grundsätzlich geht es einem Pfarrer so, wie es heutzutage so vielen geht: daß man oft genug nicht zu dem kommt, was man tun möchte. Speziell jedoch liegen die hauptsächlichsten Schwierigkeiten darin, daß man einsame Entscheidungen zu treffen hat; daß man nie fertig ist und wird; daß man durch die »Arbeit mit Sprache« verschlissen wird; daß kein feed back stattfindet; daß man oft mißverstanden oder nicht von allen verstanden wird; daß es so schwierig ist, Theorie und Praxis in Einklang zu bringen oder mit Worten gegen Resignation, Überheblichkeit und Dummheit anzukommen.

Die zehn Gebote

1.

Die Jungen aus der Grabergasse wollen unbedingt die aus der Fliednerstraße besiegen.

Sie sind eine richtige Mannschaft. Martin ist der Älteste und geht in die neunte Klasse. Klar, er hat am meisten zu sagen. Thomas ist der Kleinste, gerade in der vorigen Woche acht Jahre alt geworden.

Wie gesagt, Martin hat am meisten zu sagen. Aber nicht nur, weil er der Älteste ist, er ist auch der beste Fußballspieler. Er schießt so ziemlich alle Tore. Eigentlich ist Martin der einzige echte Stürmer in der Grabergassen-Mannschaft. Er hat gesagt, wenn wir die ›Fliedner‹ schlagen wollen, müssen wir täglich trainieren. Das Training findet auf einem noch unbebauten Grundstück statt.

An einem Freitag kommt Martin zu spät.

»He, Angeber, was ist denn mit dir los?«, fragen ihn die anderen, »du selber hast gesagt, daß wir alle pünktlich sein sollten.«

»Verdammter Mist«, sagt Martin.

»Ach komm, so schlimm ist das doch nicht«, tröstet ihn Thomas.

»Nicht wegen dem, Kleiner, was anderes. Ich muß um drei weg«, sagt Martin.

»Waaas? Wieso?«

»Ich muß in die Konfer!«

»In die – *was*?«

»Ach, Kleiner, deine Sorgen möchte ich haben. Das ist was Kirchliches. Bist du eigentlich evangelisch?«

»Ja, ich glaub' schon.«

»Dann blüht dir das auch noch«, sagt Martin und zieht seine Fußballstiefel an.

»Heißt das Konfer?« will Thomas wissen.

»'türlich nicht.« Martin zieht den Pullover aus. »Richtig heißt das

Konfirmandenunterricht. Und den gibt der Pfarrer.«
»Und was macht ihr da?« Das ist Andreas, der so fragt.
»Was wir da so machen?! Wenn ich das nur wüßte! Voriges Mal die ›Zehn Gebote‹. Darum bin ich ja auch zu spät gekommen, weil ich da noch einmal reingeschaut habe. Der hört nämlich auch ab. Vier kann ich gut, zwei ›mittel‹, die anderen überhaupt nicht. Mensch, das ist vielleicht ein Zeug!«
Thomas will nicht mehr weiterfragen. Martin hat schließlich auch schon sein blaues Trikot übergezogen. Aber weil Gerhard doch noch den Ball aufpumpen muß, fragt er: »Du, was ist das denn eigentlich, Martin, die ›Zehn Gebote?‹«
»Das sind so Regeln, weißt du, wie beim Fußball, damit keiner foul spielt und nicht einfach drauflos wurschtelt.«
Martin sagt, Günter ist unser Tormann. Dann wird gespielt, fünf gegen fünf.
Das Training dauert nur fünfundvierzig Minuten.
»Wenn wir gegen die Fliedner verlieren«, sagt Martin beim Weggehen, »dann hat niemand sonst schuld als der Pfarrer.«

2.
Muß man die Zehn Gebote kennen? So kann man das nicht sagen. Man kann im Leben oder im Beruf Erfolg haben, auch wenn man die Zehn Gebote nicht kennt. Und man kann alt werden, ohne je die Zehn Gebote kennengelernt zu haben.
Also muß man die Zehn Gebote nicht unbedingt kennen? So kann man das auch nicht sagen. Die Menschen brauchen bestimmte Gesetze oder Regeln, um miteinander aus- und zurechtzukommen. Ohne sie kann das Leben zu einem Chaos werden.
Nun gibt es Leute, die die Zehn Gebote kennen, sie aber für veraltet halten. Sie haben mal in eine Welt gepaßt, wo die meisten Menschen noch Hirten und Bauern waren. Mit unserer Welt haben sie nichts mehr zu tun. Die Zehn Gebote seien in die Jahre gekommen.
Das stimmt. Die Zehn Gebote sind uralt. Bestimmt älter als 3000 Jahre. Die Bibel erzählt, ein Mann namens Mose habe diese Gebote bekommen mit dem Auftrag, sie an sein Volk Israel weiterzugeben. Und Mose sagte: Wenn wir uns daran halten, haben wir Gott auf unserer Seite. Es ist sein Wille, daß wir auf diese Weise miteinander leben.

Die Zehn Gebote findet man in einem Buch, das Mose zugeschrieben wird. In Wahrheit aber hat er sicherlich keine Zeile aufgeschrieben, sondern andere lange nach ihm. Sie fürchteten, eines Tages könnten die bisher nur mündlich überlieferten Gebote vergessen werden.
Auf eine kurze, heute geläufigere Formel gebracht heißen die Zehn Gebote so:

1. Du sollst keine anderen Götter neben mir haben
2. Du sollst den Namen Gottes nicht mißbrauchen
3. Du sollst den freien Tag halten und heiligen
4. Du sollst deine Eltern achten
5. Du sollst kein Leben zerstören
6. Du sollst nicht die Ehe brechen
7. Du sollst nicht stehlen
8. Du sollst kein falsches Zeugnis abgeben wider deinen Nächsten
9. Du sollst nicht begehren deines Nächsten Weib
10. Du sollst nicht begehren deines Nächsten Hab und Gut.

Andere Völker, andere Länder, andere Religionen haben oft – unabhängig von der Bibel – erstaunlich ähnliche Gebote. So hat zum Beispiel der Stamm Masai, Ostafrika, folgende Ordnung:

1. Ihr sollt auch kein Bild von Gott machen
2. Ihr sollt keinen Menschen töten
3. Ihr sollt nicht das Eigentum eines anderen Masai nehmen
4. Ihr sollt euch vertragen und nicht miteinander streiten
5. Kein Mann soll die Frau eines Verheirateten berühren
6. Wenn ein Masai seinen Besitz verloren hat, sollen ihn andere unterstützen
7. Nur einer soll über euch herrschen
8. Der Mann soll immer nur eine Frau haben
9. Ihr sollt keine weiblichen Tiere töten
10. Ihr sollt zwei Feste im Jahr feiern, an denen die Arbeit ruhen muß.

Es fällt auf, daß die gleiche Anzahl von Geboten vorliegt, vielleicht deswegen, weil man sie an den zehn Fingern aufzählen kann. Und Gemeinsamkeiten bzw. Ähnlichkeiten sind nicht zu übersehen, – Voraussetzungen eben für ein gutes Miteinander der Menschen.

Um miteinander arbeiten und leben zu können, braucht man gewisse Ordnungen und Regeln. Das war schon sehr früh so, das wird auch so bleiben müssen. Man stelle sich nur einmal den Straßenverkehr ohne Straßenverkehrsordnung vor.
Die ›Zehn Gebote‹ hatten einmal exakt diese Funktion. Dabei fällt uns aber auf, daß acht von den Zehn Geboten in Wirklichkeit Verbote sind; bestimmte Grenzen sollte der Mensch nicht überschreiten. Das ist bis heute so geblieben. Wer diese Grenzen nicht anerkennt, bestimmte Regeln bricht, wird bestraft. Die Zehn Gebote wurden in unsere Rechtsprechung aufgenommen.
Aber unsere Welt braucht nicht nur Verbote, sie ist vielmehr auf Gebote angewiesen. Um etwa das christliche Gebot der Nächstenliebe praktizieren zu können, bieten die Zehn Gebote wie auch unsere Rechtsprechung wenig Hilfestellung.
So ist es erlaubt, die ›Zehn Gebote‹ zu ergänzen. Etwa so:

1. Benutze keinen Menschen als Mittel zum Zweck
2. Der Mensch lebt nicht nur von Brot allein
3. Zum Nehmen gehört das Geben
4. Jeder kann mehr, als er denkt
5. Liebe geht vor Recht
6. Gönne dem anderen das, was du dir selber gönnst
7. Mache keinen schlecht
8. Sei kein treuloser Freund
9. Du wirst gebraucht
10. Jeder ist einmalig, ist wichtig
11. Gott hat keine anderen Hände als die unsern
12. Mache dir von anderen Menschen kein Bild
13. Jeder braucht Annahme und Anerkennung
14. Mut, Zivilcourage ist nötig
15. Nichts tut sich von allein
16. Dein Leben gehört dir nicht
17. Du bist nicht Gott, nicht Herrscher über andere

Diese Ergänzungen lassen sich fortsetzen. Und die hier genannten sind nicht für alle Ewigkeit gültig.

Wie nun? Ist nur der ein frommer Mensch, ein Christ, der die ›Zehn Gebote‹ kennt und danach lebt?
Wer nicht nur die ›Zehn Gebote‹ aus dem 2. Mosebuch, Kapi-

tel 20, kennt, sondern auch das Neue Testament, die Worte Jesu, der muß antworten: nein. Man ist nicht schon deshalb ein Christ, weil man »nicht tötet«, »nicht stiehlt«, »nicht die Ehe bricht« usw. Man ist es vielmehr dadurch, daß man sich daran hält, aber auch an den Auftrag des Evangeliums zum Dienst an seinen Mitmenschen. Dieser Auftrag ist ebenfalls einfach. Aber das Einfachste ist uns oft das Schwerste. Er lautet: »Du sollst lieben Gott, deinen Herrn, von ganzem Herzen, von ganzer Seele und von ganzem Gemüte. Dies ist das vornehmste und größte Gebot. Das andere kommt aber dem gleich: Du sollst deinen Nächsten lieben wie dich selbst. »Gott und dein Nächster, in diesen beiden Angeln bewegt sich die Tür. Wer dieses wichtigste Gebot achtet, der läßt nicht einfach Gott und seinen Mitmenschen einen lieben Mann sein; der ist nicht damit zufrieden, sich stur und brav an die ›Zehn Gebote‹ zu halten, sondern er versucht, ein friedliches und glückliches Für- und Miteinanderleben aller Menschen zu ermöglichen.

1.
Die beiden Wörter »gut« und »schlecht« standen an der Tafel.
Der Lehrer bat die Schüler zu sagen, was ihnen auf Anhieb dazu alles einfällt.
Michael meldet sich zuerst: »Wenn wir am Samstag gegen die Gelben gewinnen, dann ist das gut.«
Das hätte er nicht sagen sollen.
Sofort standen drei Mitschüler auf und gingen drohend auf Michael

zu. Wenn Herr Lehmann nicht gewesen wäre, hätte Michael nichts zu lachen gehabt.

Herr Lehmann fragt einen von ihnen: »Was habt ihr denn? Darf Michaels Mannschaft am Samstag etwa nicht gewinnen?«

»Doch«, sagt der, »aber erst einmal nicht so oft wie wir und vor allem nicht gegen uns.«

Fast die ganze Klasse lacht.

»Spielt ihr etwa am Samstag gegeneinander?« will der Lehrer wissen.

»Ja. Und wenn wir da verlieren, ist das gar nicht gut, wie Michael sagt, sondern verdammt schlecht sogar.«

Der Lehrer schreibt an die Tafel »Ein Sieg ist gut« – »Ein Sieg ist verdammt schlecht«.

Ein Teil der Schüler protestiert: »Das ist doch unmöglich, Herr Lehmann, was gut ist, kann doch nicht gleichzeitig auch schlecht sein!«

»Seid ihr da ganz sicher?« fragt der Lehrer zurück.

2.

In seinem Buch »Der Himmelschlüssel« erzählt der polnische Philosoph Leszek Kolakowski biblische Geschichten, kurz und knapp, mit folgender Gliederung: ein Ausgangspunkt, eine Frage und eine Moral.

»Der Ausgangspunkt: Der Psalmist sagt vom Herrn (Psalm 136, 10, 15), er habe Ägypten an ihren Erstgeburten erschlagen – denn seine Güte währet ewiglich; er habe Pharao und sein Heer ins Schilfmeer gestoßen – denn seine Güte währet ewiglich.

Die Frage: Was denken Ägypten und der Pharao über die Barmherzigkeit Gottes?

Die Moral: Barmherzigkeit und Wohltätigkeit kann es nicht für alle zugleich geben. Wenn wir diese Worte in den Mund nehmen, so laßt uns immer hinzufügen: für wen. Und wenn wir den Völkern Wohltätigkeit erweisen, so laßt sie uns auch fragen, wie sie über dieses Thema denken. Beispiel: Ägypten.«

Diese Methode ist überzeugend. Hier wird Geschichte gedeutet aus der Sicht derer, die sie erleiden, also der Auszug des Volkes Israels aus der Sicht der geschlagenen Ägypter.

Kolakowski kommt zu der moralischen Feststellung: Die Güte ist

relativ. Güte kann es nicht für alle zugleich geben. Dazu kommt er, indem er einen Sieg aus der Perspektive des Besiegten betrachtet. Es ist wahr: Zu einem Sieg gehört notwendigerweise auch eine Niederlage. Was für den einen gut ist, ist für den anderen schlecht. Wenn wir also von solchen Begriffen und Werten reden, dann müssen wir genau sagen, für wen das gilt.
Gibt es denn keine allgemeingültigen Maßstäbe, die einem beim Urteilen und Entscheiden helfen? Gibt es denn keine Gesetze oder Prinzipien oder Ordnungen, an die man sich halten, an denen man sich bei seinen Entscheidungen orientieren kann? Die einem exakt angeben können: Wenn du dich so und so verhältst, ist es gut und recht, wenn nicht – schlecht und nicht recht? Oder sind das wirklich relative Begriffe, wobei es auf den jeweiligen Standpunkt ankommt?

3.
Natürlich wäre es gut, wenn man immer genau wüßte, was gut und was schlecht ist.
Gibt es nicht so etwas wie ein Gewissen, eine Moral, eine Ethik (= Richtlinien für menschliches Handeln)?
Doch, das gibt es.
Man unterscheidet jedoch mit Recht zwischen einer Verantwortungsethik und einer reinen Gesinnungsethik.
Dem Gesinnungsethiker geht es darum, nichts zu tun, was seiner inneren Überzeugung nicht entspricht. Er bleibt seinen Grundsätzen unter allen Umständen treu und ist zu keinerlei Kompromissen zu überreden. Und so ist seine Weste immer sauber, er macht sich die Finger nie schmutzig.
Die Verantwortungsethiker fragen sich dagegen vor jeder Entscheidung: Was wird tatsächlich bei dem herauskommen, welche Nebenfolgen und Nebenwirkungen wird das erzeugen, auch welche Gegenwirkungen? Und kann ich das, was durch die jetzige Entscheidung geschieht, auch verantworten? Ist es ›gut‹, so zu handeln, daß es meinen Interessen entgegenkommt, oder ist es gut, gegen das eigene Interesse zu handeln? Und für wen ist das, was für mich ›gut‹ ist, schlecht? Muß ich nicht in einer bestimmten Frage oder Sache die von mir anerkannten »guten Grundsätze« beiseite lassen und mich auf Praktiken und Taktiken einlassen, die meinen Idealen zuwider sind?

Ein Beispiel.
Einem Vater wird die Frage gestellt, ob er etwas einzuwenden hätte, wenn seine Tochter einen Neger heiraten würde.
Ein Gesinnungsethiker würde in dieser Frage selbstverständlich seinen Prinzipien treu bleiben und mit einem vorbehaltlosen »Nein« antworten. Er würde damit argumentieren, daß es aus seiner Sicht nicht zulässig sei, einen Unterschied zwichen den Rassen zu machen, Menschen nach ihrem Aussehen oder ihrer Hautfarbe zu bewerten. Sein »Nein, keine Einwände« ist ehrlich und echt, seine Entscheidung in dieser Sache ist konsequent: die Weste bleibt rein. Allerdings – ohne Rücksicht auf Verluste. Denn er ist nur interessiert an seiner reinen Gesinnung, an seinem Gesicht. Was eventuell durch seine Entscheidung aus einem Menschen wird, interessiert ihn weniger. Das ist im Grunde für ihn auch keine Frage. Er ist nur an sich interessiert.
Ein Verantwortungsethiker wird sich hüten, ohne Vorbehalte »ja« oder »nein« zu sagen. Er kann es sich mit seiner Antwort nicht so leichtmachen. Er bedenkt zuerst und vor allem die Wirkungen und Folgen, die eine solche Heirat in unserer Gesellschaft – leider immer noch – hat. Er bedenkt, daß die Glückschancen einer solchen Ehe, bedingt durch die Vorurteile, die immer noch da sind, nicht gerade besonders hoch sind. Sicher, wenn beide in einer solchen Ehe stark genug sind, um mit solchen Vorbehalten und Vorurteilen zusammen leben zu können, können sie glücklich werden. Aber im allgemeinen muß man bei dieser Entscheidung die Wirklichkeit mit erwägen, wie sie ist, und die Menschen, wie sie leider Gottes immer noch sind. Es wäre verantwortungslos, wenn man die tatsächlich vorhandenen Vorurteile nicht berücksichtigte.

Christliche Ethik im Sinne der Verantwortungsethik hat also keine fertigen Antworten anzubieten, keine Patentrezepte. Sie liefert keinen Katalog, in dem man nachschlagen könnte, wie man sich – vor diese oder jene Frage gestellt – zu verhalten hätte.
Christliche Ethik im Sinne der Verantwortungsethik rät uns lediglich, unseren Kopf anzustrengen, beide Seiten einer Sache zu sehen, die Folgen unserer Entscheidung zu bedenken und unsere Entscheidung auch aus der Sicht dessen zu betrachten, der davon – so oder so – betroffen ist.
Die Grundfrage könnte dann so lauten: Kann der andere auf

Grund der jetzt durch mich zu treffenden Entscheidung wirklich Mensch sein? Nehme ich ihm dadurch ein Stück seines Lebens, seines Glücks, seiner Freiheit? Oder können ihm dadurch neue Möglichkeiten des Menschseins angeboten werden?

Natürlich kann kein Mensch alle Folgen übersehen. Aber er kann sich fragen, was Jesus Christus in diesem oder jenem Fall gesagt und getan hätte, dem es zuerst und vor allem um die Herstellung und Ermöglichung von Leben ging, nicht um dessen Verkrüppelung oder gar Zerstörung; der die strengen Sabbatleute, die stets darauf bedacht waren, ihre weiße Weste sauber zu halten, zurückwies mitsamt ihren Grundsätzen, Prinzipien und strengen Ordnungen, wenn es darum ging, eines Menschen Leben zu erhalten und zu beschützen.

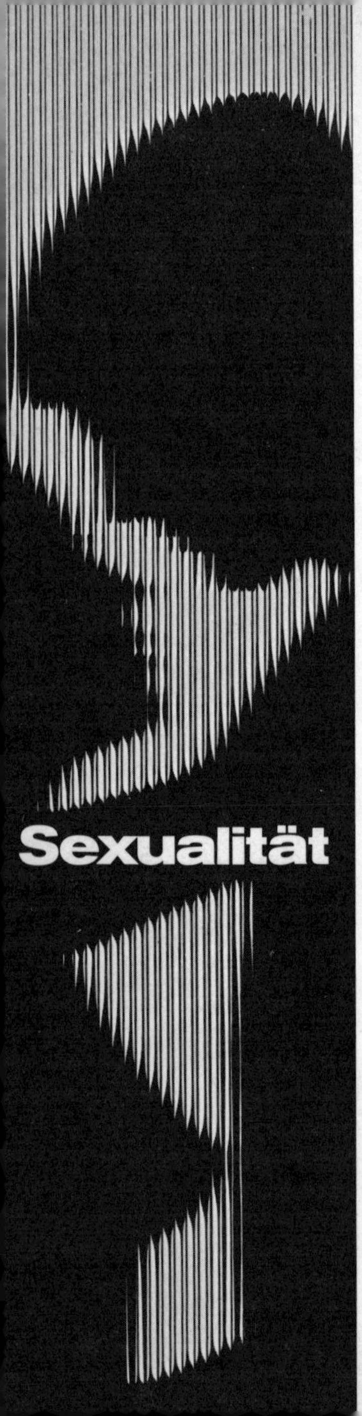

1.

»Du mußt unbedingt mal diesen Leserbrief lesen. Ich sag' dir, der ist zum Kaputtlachen.«

»Zeig her«, sagt Gisela, »huch, wie interessant: ›Soll ich meinem Freund diesen Wunsch erfüllen‹?«

»Lies mal: Er will und sie nicht.«

»Ach so, um das geht's.«

»Er meint, sie seien alt genug, und sie meint, sie sei noch nicht alt genug. Und jetzt schreibt sie, das heißt sie fragt, ob sie nun dem Drängen ihres Freundes nachgeben solle oder nicht.«

»Ach du meine Güte«, stöhnt Andrea, »und was antwortet der Onkel?«

»Lies doch selbst. Der will zunächst einmal wissen, wie alt sie ist, und so 'n Quatsch.«

»Klar, daß der moralisch daherkommt.«

»Du mußt mal weiter unten lesen, da sagt er, daß man miteinander schläft, ist eine Sache, die üblich ist unter Erwachsenen, wenn man sich liebhat«, sagt Andrea.

Gisela liest weiter.

Denn fragt sie: »Sag mal, Gisela, würdest du in so einem Fall nachgeben. Jetzt mal unter uns?«

»Ich weiß nicht recht. Und du?« fragt sie zurück.

»Also wenn mir einer käme und sagen würde: Ich liebe dich, aber nur, wenn du mit mir schläfst, dann würde ich ihm sagen: Tut mir leid, ich habe was gegen Bedingungen!«

»Aber mal angenommen, du hast ihn gern. Ganz echt?«
»Dann würde ich es machen. Wieso nicht? Oder meinst du etwa, wir sollten warten, bis wir erwachsen sind, also bis achtzehn?«
»Eigentlich ja«, sagt die Freundin, und sie schämt sich ein bißchen dabei.

2.
Ältere Leute lamentieren oft: »So etwas hat es früher nicht gegeben.«
Sie halten das, was sie erlebt und gelernt haben, für etwas absolut Gültiges, das es zu bewahren gilt. Jede Änderung ist ihnen verdächtig.
Manche halten nicht nur das, worin sie einst erzogen wurden, für absolut verpflichtend für die nachfolgende Generation, sondern sie ziehen sich auf sog. Autoritäten zurück. Nicht selten ist das die Bibel.
Die Bibel ist aber kein Gesetzbuch.
Sie enthält Weisungen, die den Menschen in die neuen Möglichkeiten einer heilsamen Zukunft schicken.
Das hat Jesus von Nazareth den Seinen angesagt und vorgelebt. Seine Zeitgenossen jedoch, die am Bestehenden unter allen Umständen festhalten wollten, konnten es nicht fassen, daß sich das, was ist, ändern darf. Als er dann die geläufigen religiösen oder moralischen Vorstellungen seiner Zeit in Frage stellte und dem ungefragt Überlieferten sein »Ich aber sage euch« entgegenstellte, war sein früher Tod beschlossene Sache. Der Bruch mit der überlieferten, liebgewordenen Tradition kostete ihn das Leben.
Aber damit ist das, was Jesus in die Welt brachte, nicht ungültig geworden. Von ihm kann man lernen, das Alte nicht unkritisch weiter zu fordern und das Neue zu diffamieren, sondern alles daraufhin zu befragen, inwieweit es eine Möglichkeit ist, Menschen zu ihrem Heil, ihrem Glück zu verhelfen.

3.
Jahrhundertelang wurde in unserem Kulturkreis die Geschlechtlichkeit des Menschen als Tabu behandelt; darüber redete man nicht; die körperliche Lust galt im Grunde als »Sünde«. Sexualität wurde gerade noch für das Zeugen von Kindern ›gebilligt‹, alles andere jedoch, was nicht diesem ›Ziel‹ entsprach, hielt man für

widerlich und unnatürlich. Sexuelle Bedürfnisse wurden verleugnet nach dem Motto, daß »nicht sein darf, was nicht sein kann«; melden durften sie sich eh nur in der kirchlich und gesellschaftlich sanktionierten Ehe. Dabei wurde jedoch unablässig betont, daß die völlige Enthaltsamkeit dem eigentlichen Willen Gottes am ehesten entspräche.

Ein religionsgeschichtlicher Überblick zeigt, daß diese Art von Verdammung des Sexualtriebes nicht ursprünglich aus den biblischen Urkunden stammt. Vor- und außerchristliche Texte bzw. ›Lehren‹ drangen vermutlich in das christliche Gedankengut ein, wurden dort vereinnahmt und im Nu zum Allgemeingut: Christentum und Sexualität vertrugen sich ziemlich schlecht.

Dieses »Entweder – Oder« sorgte dafür, daß über einen sehr langen Zeitraum hinweg die Sexualität in welcher Form auch immer verteufelt wurde. Dieser Standpunkt ist heute zwar noch nicht aufgehoben, aber bedingt durch die Aufklärung der Philosophie und bestimmter Erkenntnisse der Psychologie lassen sich die Menschen nicht mehr einreden, daß »Sünde« Begierde ist, und die schrecklichste Form der Begierde sei die sexuelle.

Es gibt natürlich auch diese Erkenntnis: Jeder plötzlich zustande gekommene ethische und soziale Wandel bedeutet stets zweierlei – Befreiung und Gefährdung. Denn die Freiheit, ein Hauptwort des Evangeliums, ist stets bedroht und gefährdet. Wer sich jedoch davon einschüchtern läßt, daß die Freiheit über die Stränge schlagen kann, dem bleibt nichts anderes übrig, als sie in Schutzhaft zu nehmen. Wer jedoch diese Freiheit begrenzt, begrenzt die christliche Botschaft. Das ist dann allemal das Ende der Freiheit, denn die Freiheit der eigenen Entscheidung in Verantwortung ist immer nur ganz, nie halb.

Gilt dies auf allen Gebieten, so werden wir das Risiko der Freiheit bewußt auf uns nehmen müssen. Wir werden dann unter allen Umständen der Liebe zuerst und vor allem recht geben müssen, nicht einem kalten Prinzip; dafür sorgen, daß die Liebe einen Raum hat, wo sie Liebe sein darf. Gewiß: Sexualität ist noch lange nicht Liebe, ist nicht an und für sich Glück. Aber sie gehört dazu. Wer ein bißchen die Geschichte kennt, weiß, daß man in jenen Epochen, in denen es autoritär, sogar diktatorisch zuging, immer ziemlich prüde war; dafür kam die Aggressivität in vielfältiger

Form zum Vorschein. Es besteht offenbar ein Zusammenhang zwischen Grausamkeit, Gewalt und unterdrückter Sexualität.
Analysiert man gewissenhaft und vorurteilslos diese geschichtlichen Tatbestände, kommt man zu der Folgerung: Hätte sich die Kirche im Verlauf ihrer Geschichte wenigstens genauso gegen die Gewalt und Unterdrückung eingesetzt wie gegen die Bedürfnisse der Sexualität, sie hätte gewiß manches Unheil und Unglück und manches Unmenschliche verhindern können. Weit mehr Menschen kamen im Verlauf der Geschichte durch unbeherrschte Gewalt als durch – selbst zügellose – Sexualität zu Schaden; abgesehen davon, welchen Schaden das Verdrängen des Sexualtriebes im Menschen anrichtet.
Der Sexualtrieb des Menschen ist als eine natürliche Gabe anzusehen und anzunehmen, er ist weder auf Lüge noch Zote, weder auf Perversion noch Vergewaltigung angewiesen. Was jeder kennt und auch beim Namen nennt, verliert den Reiz des Heimlichen.
Bei der heute üblichen sexuellen Freizügigkeit vergißt man allerdings vielfach zu fragen: Kann der andere mit mir wirklich Mensch sein? Entwürdige ich ihn durch das, was ich verlange, nicht? Verwechsle ich mit dem, was ich erwarte, nicht Leistung mit Liebe, Zuneigung, Zärtlichkeit? Kann ich das, was ich will, vor mir und vor dem anderen und vor unserer Liebe verantworten mit allen Folgen und Nebenfolgen? Kann der andere, auf diese Weise, mit mir, durch mich, glücklich sein und heil werden oder nicht?
Die bisherigen Antworten sind alles andere als selbstverständlich. Die traditionellen Antworten sind nicht mehr fähig, einen Beitrag zu leisten für das Glück des einzelnen. Im Gegenteil: Sie verursachen in ihm Druck, Unfreiheit, Lüge, Angst.
Wir müssen – in christlicher Verantwortung – für uns, für den, zu dem wir ja sagen, nach neuen Wegen und Antworten suchen, nicht bloß im Bereich der Sexualität, sondern in allen Bereichen, die es dem Menschen ermöglichen, ein unbedrohtes, vor allem angstfreies Leben führen zu dürfen.
Dann geht es darum: Bedenke das Ende, bedenke auch alle Nebenfolgen, bedenke vor allem das Leben, das durch dich zerstört oder erweckt werden kann, und danach richte deine Entscheidung aus. Keiner kann zwar die Konsequenzen seiner Entscheidung ganz übersehen. Aber er kann seinen Kopf anstrengen, um die Wirkungen, die er erzeugt, verantwortlich in den Griff zu bekom-

men (Zerstöre ich dadurch ›Leben‹?). Dann muß sich ein jeder fragen, ob er diese Nebenfolgen, Nebenwirkungen und Gegenwirkungen verantworten oder ob er sie nicht verantworten will, und danach muß er die Entscheidung heute fällen. Niemand und nichts hat ihm in diese Entscheidung hineinzureden, – ausgenommen die Liebe, die im anderen nicht eine Sache sieht.

Schuld

1.
»Du, was ich dich schon die ganze Zeit fragen wollte, Walter, wie war das denn damals mit Gisi und Jürgen ausgegangen?«
»Geschieden. Fertig. In dreißig Minuten war alles vorbei, sagte Jürgen.«
»Und hatte er ...?«
»Ja.«
»Was?« will Annette wissen.
»Das weißt du doch, von Gisi und Jochen.«
»Ja, weiß ich! Aber was hatte er –?«
»Jürgen hatte, wie man so sagt, die Schuld auf sich genommen.«
»Waaas??«
»Das ist nun mal noch so. Weil einer schuldig am Scheitern einer Ehe sein muß, muß einer halt ...«
»Ach, und Gisi war also schuldlos!?« sagte Annette.
»Das ist nicht die Frage. Wahrscheinlich hatte sie einen guten Anwalt. Jürgen wollte auch nicht den ganzen Heckmeck mitmachen, sagt er.«

»Ich versteh' das nicht«, wirft Annette ein, »der wußte doch ganz genau, daß die Schuld nicht nur bei ihm liegt.«
»Ja, das nehme ich auch an, sagte er ja auch. Beiderseits schuldig, gut, aber Gisi wollte nicht mitziehen. Und das hätte alles noch wahnsinniger gemacht. Da hat dann Jürgen nachgegeben.«
»Schöner Mist«, sagte Ulrike, »das möchte ich doch mal wissen: Fühlte sich Jürgen nun echt schuldig oder war er es wirklich, oder sagte er das bloß, damit's einfacher wird?«

2.
Es ist sehr schwierig, Schuld objektiv festzustellen.
Es ist sehr schwer, Schuld zuzugeben.
Es ist ebenso schwer, schuldig zu sein.
Schuld ist nicht ein Fehler, den man im Nu reparieren könnte. Schuld ist vielmehr die Zerstörung von Liebe und Wahrheit, von Treue und Glauben, von Leben. Darum ist es so schwer, diese Schuld zuzugeben und zu tragen. Wir verschaffen uns gern Alibis, bagatellisieren, flüchten.
Daß kein Mensch vollkommen ist, ist ein Allgemeinplatz. ›Jeder hat seine Fehler und Schwächen‹, sagt man. ›Ich habe ganz einfach durchgedreht‹, kann man hören. ›Ich habe nicht gewußt, was ich da mache‹, oder ›Wir sind alle kleine Sünderlein.‹ Ein Lächeln, ein Augenzwinkern – die Sache ist erledigt. Jeder soll doch gefälligst vor seiner eigenen Tür kehren. So kann man sich's leichtmachen.
Es gibt auch Menschen, denen es schwerfällt, die Zerstörung von Wahrheit und Liebe, Treue und Glauben, Leben leichtzunehmen. Sie kommen nicht darüber hinweg; sie kommen ins Grübeln. Wie kommen sie davon los? »Du bist so sensibel«, rät man ihnen, »das sind doch nur Schuldgefühle, du darfst das alles nicht so schwernehmen.«
Gibt es einen Unterschied zwischen Schuld und Schuldgefühlen?
Ja.
Wenn einer zum Beispiel bestimmte Erwartungen seiner Eltern nicht erfüllen kann, in der Schule oder sonstwo, und dann unter seiner Unzulänglichkeit, Unvollkommenheit leidet, weil er nicht schafft, was er schaffen soll, dann braucht er nicht einen, der ihm gut zuredet und moralisch an ihn appelliert: »Mensch, reiß dich doch zusammen!«
Ihm macht das unter Umständen etwas aus, daß seine Eltern an

ihm leiden; daß er sie enttäuscht. Er fühlt sich schuldig. Einen anderen läßt das kalt, ihn bedrückt das wenig oder gar nicht; er kann darüber nur lächeln.
Auch christlicher Zuspruch hilft da nicht auf: »Du kannst wieder Mut schöpfen, Gott verurteilt dich nicht.« Schuldgefühle dieser Art müssen verarbeitet werden, im Unterschied zur Schuld: die muß vergeben werden.
Gelegentlich kann man hören oder lesen: »Die Umstände oder die Verhältnisse sind an allem schuld.« Eine unglückliche Kindheit kann das sein, ein zu strenger Vater, ein bestimmtes Milieu, eine schlechte Gesellschaft, ein sozialer Status ... Man muß die näheren Umstände kennen. Es hat sich schon oft gezeigt, daß eine solche Aussage richtig ist.
Doch das ist ›nur‹ Ursache, ist der Grund. Das ändert nichts an der Schuld, die darin besteht, daß der, dem vieles schuldig geblieben ist, anderen Menschen gegenüber schuldig wurde. Es ist richtig, wenn man weiterfragt: Wer ist alles mitschuldig, wenn jemand durch »besondere Umstände« schuldig wird. Auf diese Frage wird leicht und oft geantwortet: »Die anderen sind schuld« – also der Staat, die Gesellschaft, die Kirche; aber auch: die Straße, die Eltern, die Schule usw. usw.
Es ist gut, wenn man solche Nachforschungen anstellt. Diejenigen, die an der Schuld des Schuldiggewordenen mitschuldig sind, sollen keinen Grund haben, sich schuldlos vorzukommen.
Umgekehrt ist es dem Schuldiggewordenen aber auch geboten, nicht nur ausschließlich die Schuld anderswo und bei anderen zu suchen.

»Meister, diese Frau ist auf frischer Tat beim Ehebruch ertappt.
Das Gesetz sagt: Solche Frauen müssen gesteinigt werden.
Was sagst du?
Jesus bückte sich und schrieb mit dem Finger in den Sand.
Als sie mit ihren Fragen nicht locker ließen, richtete er sich auf und sagte:
Wer unter euch ohne Schuld ist, der werfe ihn – den ersten Stein.
Da gingen sie weg, einer nach dem anderen.« (Joh. 8)
In dieser Szene findet keine Verurteilung statt. Keiner wirft ihn, den ersten Stein.
Gibt es Schuldlose? Ist jemand ohne Schuld?

Wenn ja – werden damit nicht alle Katzen grau?
»Da sagte Jesus: Auch ich verurteile dich nicht. Geh, – und mach' dich von heute an nicht mehr schuldig.«
So endet die Geschichte.
Aus jener angeklagten Frau ist sicher kein Unschuldsengel geworden, auch Jesus wird das nicht angenommen haben. Aber er war so menschlich, um zu merken: Einen schuldiggewordenen Menschen zu zensieren, zu verdonnern, hilft nicht weiter. Er macht – muß man das sagen? – nicht gute Miene zum bösen Spiel, heißt Schuld Schuld, aber er weiß, daß diese Frau einen Vorschuß an Vertrauen braucht, damit sie neu zu leben beginnen kann.
Also: Verurteilung der Tat, aber nicht Verurteilung des Täters.
Dagegen: Vergebung. Und Vergebung ist, wenn ein Schuldiggewordener spürt: Ich darf neu beginnen. Ich bekomme das, was war, nicht vor- und aufgerechnet. Die Vorwürfe enden. Ich kann wieder gehen. Ich kann leben.
Und Gott? Vergibt Gott Schuld?
Es gibt Menschen, die sich einbilden, sie seien auf keine Vergebung angewiesen, weder durch Menschen noch durch Gott. Sie sind der Ansicht, sie könnten mit der Zeit mit ihrer Schuld fertig werden. Die Aussichten, daß das gelingt, sind gering, wie Psychologen wissen; meistens machen sie sich damit fertig.
Denn: Schuldig geworden sein heißt ja, ein Stück Leben eines anderen Menschen getötet haben, seine Erwartungen nicht erfüllt, seine Hoffnungen zerstört, ihn enttäuscht haben, ihn gering gemacht haben.
Der so schuldig gewordene Mensch braucht dann diesen anderen Menschen; braucht dessen Solidarität, braucht wirkliche Vergebung.
Der Schuldiggewordene braucht aber auch Mut und Vertrauen, trotz Schuld und Schuldspruch gehen, stehen, atmen, leben zu können, die nächsten Schritte zu tun. Seine erloschenen Augen sollen wieder lachen, sein Mund wieder reden können; Entfremdung – sie soll hinfort nicht mehr sein. Das meint: Friede, Freude, Annahme, Anerkennung – das muß möglich sein, um dem Schuldiggewordenen die Chance zu ermöglichen, wieder leben zu können – mit allen.
Ich stelle mir vor: Die Frau, von Jesus nicht verurteilt noch verdonnert, fand dies wieder, dies alles, fand zurück zu einem freien,

unbefangenen Leben. Und sie hat daraufhin andere Menschen nicht nur besser verstanden; sie hat mit ihnen auch gebangt und gehofft, mit ihnen gelitten und mit ihnen befreit gelebt und wurde zögernder in ihrem abschließenden Urteil. Und auf diese Weise ein paar andere Leute auch.
Das wäre schön. Das wäre auch im Sinne des Evangeliums. Es gibt wohl keinen, der nicht auf Vergebung angewiesen wäre.
Und Gott? Vergibt Gott Schuld?
Ja.
Aber wie und auf welche Weise?
Jesus hat in der Geschichte von der Ehebrecherin die Antwort Gottes auf diese Fragen selber gegeben, und sie ist glaubhaft.

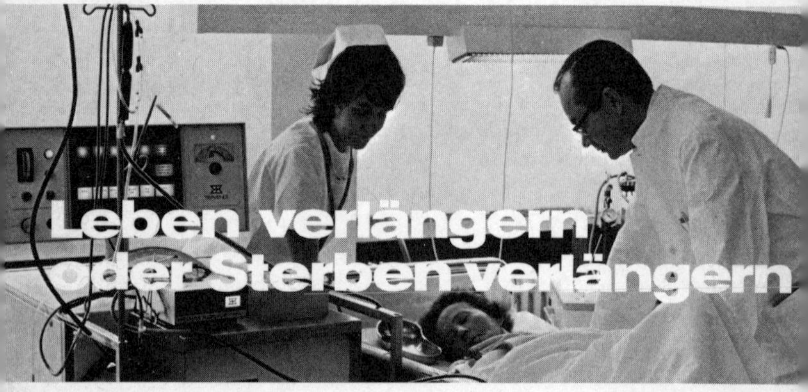

Leben verlängern oder Sterben verlängern

1.
»Warum denn nicht!? Ich würde den Stecker rausziehen.«
»Wirklich? Würdest du das wirklich tun?«
»Ja, wenn ich die Entscheidung zu fällen hätte«, sagt Tommy, »natürlich, dann würde ich sagen, daß alle ärztliche Kunst vergeblich sei – und fertig.«
»Und du würdest dann tatsächlich hingehen und ...?«
»Da wird sich dann schon jemand finden lassen. Aber das ist ja nicht das Problem.«
»Da bin ich mir nicht sicher«, sagt Tommys Schwester.
»Aber sie hat doch keine Chance mehr, sagen die Ärzte. Die

dämmert ja doch bloß so dahin, ohne Bewußtsein, und ein Leben ist das bestimmt nicht.«

»Meinst du nicht auch, daß sich Ärzte irren könnten?«

»In so einem Fall doch nicht«, sagt Tommy, »das nehme ich natürlich fest an, daß die nicht leichtfertig zu dem Schluß kamen.«

»Dann könnte also ein Arzt darüber bestimmen, deiner Meinung nach, ob man ein Leben verlängern soll oder nicht.«

»Du meinst das Sterben!«

»Wie man's sieht. Jedenfalls: Wenn das Beatmungsgerät abgeschaltet wird, ist es aus: kein Pulsschlag mehr, keine Gehirnströme.«

»Das ist doch jetzt schon aus. Das ist doch ein lebender Leichnam. Wenn einer ohne Bewußtsein ist, über eine längere Zeit, meine ich, nur noch so dahinvegetiert, dann ist er doch mehr tot als lebendig!«

»Aber wenn doch in einem Menschen noch Leben ist, und du tötest das, ohne daß du ihn fragst, also ohne daß er selber die Entscheidung fällt ...«

»Wie soll er denn das tun, wenn er ohne Bewußtsein ist?«

»Also muß die Entscheidung darüber ein anderer fällen. Jetzt wer? Wie stellst du dir das denn vor? Soll man da ein Gesetz machen, das genau vorschreibt, wenn ...«

»Ach Quatsch«, sagt Tommy, »so doch nicht! Du kannst doch nicht sagen, wenn ein Mensch, egal wer, so und so lange bewußtlos ist, dann soll man ihn sterben lassen. Das kann man doch nicht so festlegen.«

»Eben. Sterben lassen. Um das geht's ja.«

»Aber man kann ihn doch nur sterben lassen, wenn man ihn von den Apparaten abhängt.«

»Ich weiß nicht recht, aber rechtlich bringst du dann einen solchen Menschen um. Das ist doch so. ›Du sollst nicht töten‹, heißt es.«

»Das ist schon wieder was anderes. Du bringst doch dann keinen um, so wie ein Mörder einen umbringt.«

»Wo ist denn da der Unterschied?«

»Der Unterschied? Der Unterschied? Weil da Ärzte dabei sind, die auf Grund ihrer Erfahrung von einem bestimmten Zeitpunkt ab sagen können: Der und der Mensch hat keine Chance mehr. Mit unserer Kunst sind wir am Ende. Du kannst doch nicht einen solchen Menschen künstlich über zehn oder hundert Jahre hinweg leben lassen. Einmal würde der doch die vorhandenen Apparate blockieren, verstehst du, die man für andere bräuchte, die man mit ihnen wirklich wieder ins Leben bringen kann. Und dann, du, irgendwann einmal, in zehn oder in hundert Jahren, müßte doch einer dann ›Aus‹ sagen. Da bleibt doch nichts anderes übrig. Ich versteh' dich gar nicht!«

»Aber gerade die Ärzte wehren sich dagegen und sagen, wir sind dazu da, Leben so lange wie möglich zu erhalten, nicht zu zerstören.«

»Die brauchen's doch gar nicht zu machen; die haben nur die Entscheidung zu fällen, und dann hat ein anderer das auszuführen.«

»Soll dann jedes Krankenhaus zum Beispiel einen Spezialisten dafür einstellen?«

»Mit dir kann man doch nicht diskutieren, du wirst immer unsachlich.«

»Also ich würde es nicht machen, weil ich es nicht könnte!«

»Ich auch nicht. Aber um das geht's doch gar nicht, versteh doch endlich. Aber mal 'ne andere Frage: Möchtest du denn – mal angenommen, du würdest in so einen hoffnungslosen Dämmerschlaf verfallen – so weiter existieren wollen?«

»Ich?« fragt die Schwester zurück, »ganz bestimmt nicht.«

»Na siehste«, sagt Tommy, »ich auch nicht, wenn ich ganz genau wüßte, daß ich keine Chance mehr hätte.«

Da lacht die Schwester, und Tommy fügt hinzu: »Ich hau' ab, bevor du wieder damit anfängst.«

2.

Die beiden unterhalten sich über das sogenannte Euthanasieproblem.

Mit diesem Fremdwort ist gemeint: Sterbehilfe. Nach unserer Rechtsprechung dürfen Ärzte bestimmte bewußtseinslähmende Mittel verwenden, um das Ende eines mit Sicherheit und auf qualvolle Weise verlöschenden Menschenlebens zu erleichtern; eine Abkürzung des Lebens wie auch immer ist rechtlich nicht zulässig. Nach dem Paragraphen 215 kann ein Arzt sich strafbar machen, wenn er den Tod früher herbeiführt, übrigens auch dann, wenn der Sterbende selbst ausdrücklich und bei vollem Bewußtsein darum bittet.

Das Wort ›Euthanasie‹ hat in unserem Land auf Grund unserer

Geschichte einen schlechten Klang. Unter diesem Begriff wurden im Dritten Reich, wo das Wort ›lebensunwertes Leben‹ erfunden wurde, geistes- und körperbehinderte Menschen getötet. Der Protest von einzelnen und Gruppen, vor allem den Kirchen, wurde nicht zur Kenntnis genommen. Nach dem Krieg wurde eine solche Einstellung von Rechts wegen verboten, unterstützt von einer breiten Öffentlichkeit, die erfahren hatte, welche Folgen das hat, wenn Menschen über Leben und Tod anderer zu bestimmen haben.
Neuerdings wird die Frage wieder in der Öffentlichkeit diskutiert. Anlaß gab der Fall eines amerikanischen Mädchens namens Karen Ann Quinlan, das nach dem Genuß von Alkohol und Drogen mehr als ein Jahr im Koma (= tiefe Bewußtlosigkeit) dahindämmert. Das 21jährige Mädchen kann nur mit einem Beatmungsgerät am Leben erhalten werden. Ihre Adoptiveltern haben ein Gericht angerufen, um zu erreichen, daß ihrer Tochter Sterbehilfe gewährt und das Beatmungsgerät abgeschaltet werde. Die ärztlichen Gutachten besagen nämlich, daß keine begründete Aussicht bestehe, daß sich der Zustand des Mädchens je bessere. Der Arzt am Krankenhaus hat sich mit dem Hinweis auf die traditionellen Normen der Medizin gewehrt, eine solche Maßnahme zu ergreifen, und auch vor Gericht erklärte er, er werde ein entsprechendes Urteil, das Atemgerät abzustellen, nicht befolgen.
Die Eltern des Mädchens wollen, daß ihr Kind »einen Tod in Würde« sterben kann. Aber gerade mit dem Hinweis auf die Unantastbarkeit der Menschenwürde und auf das Leben als das kostbarste aller Güter wird ihm das verweigert. Ein menschliches Leben müsse unter Respektierung seiner »vollen Würde« und aller seiner menschlichen Rechte bis an die äußerste Grenze erhalten werden, lautet das wichtigste Argument.
Karen Ann Quinlan kann in ihrem Zustand nicht gefragt werden, und es gibt auch keine notariell abgesicherte Willenserklärung, die sie vorher abgegeben hätte. So haben andere darüber zu entscheiden, ob ihr Leben verlängert werden oder ob es abgekürzt werden soll.

Bei dieser Problematik geht es nicht um den Schutz irgendeines abstrakten Lebens, sondern um das Leben eines bestimmten Menschen. Von daher gesehen steht keinem das Recht zu, verbindlich über das Ende zu entscheiden.

Wenn sich andere ein Urteil über den Sinn des Weiterlebens eines Menschen erlauben, überschreiten sie ihre Zuständigkeit.
Und doch werden Ärzte in der Praxis oft dazu gezwungen.
Sie geraten damit in einen Konflikt. Auch das Leben, das total abhängig ist von der richtigen Kombination von Drähten und Geräten, ist rechtlich gesehen Leben, das des Schutzes bedarf.
Dagegen der Anwalt der Familie Quilan vor Gericht: »Karen Ann ist ein lebendes Opfer des Fortschritts. Sie wird gegen ihre natürlichen Impulse gezwungen, weiter zu funktionieren. Ist etwas unwürdiger für menschliches Leben, als zum Opfer des Glaubens zu werden, daß man den Tod mit der richtigen Kombination von Drähten und Geräten betrügen kann?«
Die katholische Kirche, von den Adoptiveltern in diesem Fall zu Hilfe gerufen, entschied, daß es nur ein Grundrecht auf Leben gebe, jedoch keines auf ein menschenwürdiges Sterben. Sie warnt vor einer Tendenz, die mit der Zeit dem einzelnen das Recht gibt, Herr über das eigene Leben und den eigenen Tod zu sein.

An dieser Stelle wurden Fragen gestellt:
Gehört zum Recht auf Leben nicht auch das Recht auf ein menschenwürdiges Sterben?
Besteht ein absoluter Lebenszwang bis an die Leistungsgrenze sämtlicher moderner medizinisch-technischer Apparate?
Kann man die Verantwortung für die Sterbehilfe allein der Auseinandersetzung zwischen Natur und Technik überlassen?
Macht man sich schuldig, wenn man bestimmte medizinische Maßnahmen unterläßt, wenn Fachleute zu dem Schluß gekommen sind, daß es keine Hoffnung auf eine Wiederbelebung mehr geben kann?
Darf man die Entscheidung den betroffenen einzelnen überlassen oder muß eine öffentliche Rechtsprechung die Entscheidung dem Betroffenen abnehmen?
Kann man einen Standpunkt, qualvolles, nur noch auf das physische Reagieren reduziertes Leben um jeden Preis verlängern zu wollen, mit dem Evangelium in Einklang bringen?
Kann die Sterbehilfe nicht zu einer christlichen Barmherzigkeit und zu einer ärztlichen Kunst werden?

Das Gericht im amerikanischen Bundesstaat New Jersey hat die Verantwortung den Eltern übertragen, indem es deren Anspruch auf einen »natürlichen Tod« ihrer Tochter stattgegeben hat. Die Eltern erklärten übrigens, die Verantwortung für das Leben und besonders für den Tod eines Menschen würde für sie in der Verzweiflung enden, wenn der Glaube an die Auferweckung von den Toten keinen Boden hätte.

Das Beatmungsgerät, das einzig und allein das 21jährige Mädchen am ›Leben‹ erhielt, wurde daraufhin abgesetzt. Entgegen den ärztlichen Erwartungen kam es daraufhin jedoch nicht zu einem Exitus (Tod) im medizinischen Sinn. So gesehen überlebte das junge Mädchen. Überlebte?

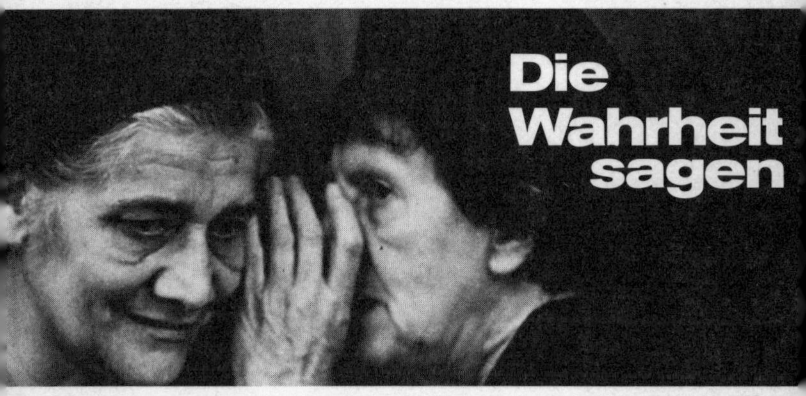

Die Wahrheit sagen

1.
»Für uns ist eine Welt zusammengebrochen.«
Irgendwie sieht man es beiden an.
»Ich kann alles ertragen«, sagt Rüdigers Vater, »nur keine Lüge. Ich jedenfalls wurde so von meinen Eltern erzogen, daß es keinen schlimmeren Vertrauensbruch geben kann als eine Lüge. Geben Sie uns mal einen Rat, was sollen wir jetzt tun?«
Die Eltern stellen diese Frage an einen Pfarrer.
Und der sagt: »Überlegen Sie doch bitte zuerst einmal, ob Sie nicht durch Ihr Verhalten dazu beigetragen haben, daß Rüdiger keine andere Möglichkeit mehr sah als zu lügen.«
Der Vater ist empört.
»So«, sagt er, »zum Schluß sind wir es, die das verschuldet haben.

Soweit kommt's. Ich glaube, Frau, wir haben hier nichts mehr zu suchen.«

Der Mann steht auf.

»Wenn Sie uns noch nicht einmal recht geben, wer dann, frag' ich Sie. Mir hat man einmal beigebracht, daß die Wahrheit die Grundlage für mitmenschliches Leben ist, daß es wichtig ist, sich gegenseitig zu vertrauen. Und nun kommen Sie und wollen, jedenfalls sieht es so aus, daß wir das erst noch lange hin und her bedenken. Ich sage Ihnen eines: Zwischen dem Jungen und uns beiden steht eine Lüge. Und wer mich oder meine Frau anlügt, der kann nicht auf mich zählen, schon gar nicht auf mein Verständnis.«

Die beiden verabschieden sich kurz.

Zwei Stunden zuvor hatte sich der Pfarrer mit Rüdiger unterhalten. Der Junge hat, sagen wir's mal so, etwas zu beichten gehabt; er wollte etwas ganz einfach loswerden. Er erzählte dann noch: »Ich bin ein Einzelkind. Meine Eltern behüten und beschützen mich auf Schritt und Tritt. Mein Vater sagt, alles, was er tut, das tut er nur für mich. Ach, ich weiß auch nicht. Das Schlimme ist, daß ich nie allein bin, sie sind ständig hinter mir her, ach, ganz freundschaftlich, das ja, aber das ist ja das Schlimme. Sie kontrollieren mich, stellen mir Fragen, über alles soll ich erzählen, Rechenschaft ablegen. Ich kann nichts tun, ohne daß meine Eltern nicht danach fragen. Sie wollen immer alles von mir wissen. Alles. Ich halte das nicht länger mehr aus. Früher –, ja. Aber jetzt nicht mehr. Meine Eltern benehmen sich so zudringlich, das glaubt kein Mensch. Und jetzt wußte ich nicht mehr, was ich sagen oder antworten sollte. Da konnte ich nicht anders. Ich habe gelogen.«

2.
Muß man immer die Wahrheit sagen?

Es gibt Menschen, gewiß nicht nur Christen, die kompromißlos die Wahrheit lieben und sie auch sagen; die um keinen Preis der Welt lügen würden. Und es gibt andere, die es mit der Wahrheit nicht so genau nehmen; denen kaum ein Wort als wahr und gültig abgenommen werden kann, von denen man also nie weiß, ob sie nun gerade die Wahrheit sagen oder eine Lüge. Man weiß nicht, wie man mit ihnen dran ist, man kann ihnen nicht glauben, nicht vertrauen.

Von ihnen reden wir jetzt nicht. Man kann sich vorstellen, daß sie es mit sich selber schwer genug haben.
Wir reden vielmehr von den Menschen, die wissen, daß eine Lüge, aber auch eine Wahrheit Leben verletzen, sogar zerstören kann. Und wir reden jetzt nicht von denen, die die Lüge als etwas Alltägliches ansehen, sondern die sich damit auseinandersetzen und beschäftigen, ob man allen Menschen und allezeit unter allen Umständen die Wahrheit »zutrauen« und »zumuten« kann.
Denn wenn man die Wahrheit sagt, muß man auch danach fragen, ob den anderen Menschen diese ›Wahrheit‹ etwas angeht, ob er sie überhaupt braucht, ob er sie verstehen, ob er sie tragen kann. Zur Wahrheit gehören ja notwendigerweise mindestens zwei Menschen: einer, der sie sagt, und einer, der sie hört; einer, der zu sagen versucht, was ist, was er weiß, was er erfahren und erlebt hat, und ein zweiter, der zu verstehen versucht, was der andere damit ausdrücken will, was ihm das bedeutet für sein Leben.
Nicht jeder, der eine eindeutige, direkte Frage stellt, hat schon dadurch das Recht, eine eindeutige, wahre Antwort zu bekommen. Es gehört nicht nur zum Recht eines Menschen, sondern auch zu seiner Würde, daß er nicht über alles mit jedem zu sprechen braucht. Und nicht alles, was einer über sich selbst gegenüber anderen sagt, setzt eine besondere Beziehung zu dem voraus, der diese Aussage hört.
Die Wahrheit hat nicht nur ein gegenseitiges Vertrauen zur Voraussetzung, sondern auch eine besondere Art von Intimität; ein Wissen darum, daß meine Wahrheit bei dem, der sie hört, in guten Händen ist.
Wer gewissermaßen gewaltsam, also unter einem Druck, durch Ausfragerei oder andere Methoden in einen Menschen einzudringen versucht und ganz gezielt bestimmte Antworten herauslocken möchte – von einem Verhör kaum zu unterscheiden –, Antworten also erwartet, auf die er nie und nimmer einen Anspruch hat, der weiß nicht, was Wahrheit ist; selbst dann nicht, wenn er in seinem Leben angeblich oder wirklich noch nie gelogen hat.
Aber auch der Leichtfertige und Schwatzhafte, der jedem, ungefragt, wahrheitsgetreu von sich selber erzählt, von dem, was er weiß, und der sich keinen Deut darum kümmert, was er mit dieser seiner Wahrheit im anderen etwa anstellt, bleibt zwar sich selbst und seinem Prinzip treu (»Keine Lüge«), aber er kann unter Um-

ständen – der Einzelfall klärt das – unmenschlicher handeln als der, der eine Lüge gebraucht.

Nicht immer nämlich ist die tatsachengemäßeste Antwort die wahrhaftige Antwort. Ob nicht die jeweilige Situation entscheidend ist? Und die Überlegung, ob der Hörer auch die Wahrheit ertragen kann?
Interessant ist sicher, daß auch Jesus von Nazareth nicht auf jede Frage eine Antwort gab; daß er manche Frage als hinterhältig, als hinterlistig durchschaute. Mehrmals hat man ihm Fangfragen gestellt, und er ging dem Fragesteller nicht auf den Leim.
Ein Beispiel: Einmal fragte man ihn, ob er nicht endlich nach Jerusalem gehen wolle. Die, die das fragten, erhofften sich etwas mehr publicity. Endlich nicht mehr bloß Provinz, sondern die Hauptstadt. Hat Jesus dort Erfolge, dann könnte sich ihm keiner mehr entziehen; so ihre Vorstellungen. Jesus antwortete: »Ich gehe nicht zu diesem Fest nach Jerusalem«, was heißen sollte: »Ich mache diese Show nicht mit« –. Wenig später ging er doch hin. Im Johannes-Evangelium wird darüber berichtet. Hätte Jesus »Ja« geantwortet, dann hätte er damit auch »Ja« gesagt zu den übersteigerten Erwartungen derer, die darauf aus waren, einen Menschen allein nach seinen Leistungen zu beurteilen. Mit der anderen Antwort wollte er ihnen jedoch bedeuten: Nein. So nicht! Darauf kommt es mir nicht an. Eure Erwartungen erfülle ich nicht. Gehe ich darauf ein, verliere ich die mir von Gott geschenkte Freiheit.

Soll man zwischen einer »erlaubten Wahrheit« und einer »angebrachten Täuschung« und einer »bewußten Lüge« unterscheiden? Man soll. Aber nicht so leichtfertig und obenhin.
Gewiß: Es sind alle drei Möglichkeiten denkbar. Der Verantwortungslose, der Obenhin-Mensch, wird so oder so antworten, beides ist möglich: entweder er wird seine weiße Weste nie mit einer Lüge beflecken, koste es, was es wolle; oder aber er wird sich sagen, was ist denn schon dabei, wenn ich lüge, die Welt will betrogen werden und sie wird schon nicht untergehen.
Der verantwortungsbewußte Mensch jedoch, dem nichts »wurscht« ist, wird sich in einer bestimmten Situation fragen, was er mit seiner ›Wahrheit‹ bzw. mit seiner ›Lüge‹ anrichtet. Er bedenkt das Ende, alle Folgen dessen, was er heute sagt, bedenkt vor

allem auch alle Nebenfolgen und Nebenwirkungen, überlegt, denkt weiter, denn ihm ist bewußt: das, was aus seiner ›Wahrheit‹ oder aus seiner ›Lüge‹ wird, hat er zu verantworten.
Keiner kann zwar zuverlässig und exakt alle Konsequenzen übersehen. Er kann im Grunde nur eines: seinen Kopf anstrengen, sich Gedanken machen, sich in einen anderen hineinzusetzen versuchen, um die Wirkungen, die er auf diese oder jene Art erzeugt, verstandes- und gefühlsmäßig abzuschätzen. Aber er muß auch dann danach fragen, ob er diese Konsequenz verantworten und tragen kann oder nicht, und danach muß er seine Entscheidung fällen.
Dazu hat man nicht immer die nötige Zeit.
Unter Christen muß es jedoch auch möglich sein, eventuell hinterher zu gestehen: ›Ich habe das und das gesagt. Ich weiß jetzt, daß das aus diesem oder jenem Grund falsch war. Es tut mir leid.‹ Wenn Verständnis und Vergebung nicht nur eine christliche Worthülse sein sollen, dann wird das spätestens hier deutlich, bei der Reaktion dessen, dem man einen ›Fehler‹ eingesteht. Auch so etwas hat ein gegenseitiges Vertrauen zur Voraussetzung.

Muß man immer die Wahrheit sagen?
Im Prinzip ja.
Aber die Prinzipienreiter sind eine ziemlich greuliche Sorte. Von Jesus wissen wir – aus manchen Sabbatgeschichten –, daß er sich mit ihnen nicht allzu gut vertragen hat. Er wußte: Um ihres Prinzips willen sind sie bereit und fähig, einen Menschen vor die Hunde gehen zu lassen.
Wenn es aber um einen Menschen geht, ganz gleich, wer und was er ist, um sein Recht, seine Würde, sein Glück, ist jedes Prinzip relativ.
Sieht man sich vor die Frage »Wahrheit« und »Unwahrheit« gestellt, in diesem Entweder-Oder-Fall, wird man sich je und je fragen müssen, ob dem, dem man die Antwort auf die Frage gibt, durch die ›Wahrheit‹ oder ›Unwahrheit‹ gedient ist. Oder anders formuliert: Ob man ihm mit dieser oder jener Antwort leben hilft oder nicht.
Denn, wie gesagt: Man kann mit einer Unwahrheit Leben kaputtmachen. Man kann aber auch – das wäre im Einzelfall genau zu prüfen – mit einer Wahrheit Leben zerstören. Das ist zwar sicher

nicht die Regel, aber auch nicht gerade die seltene Ausnahme. Und das Schwerste ist: Die Verantwortung für das, was nachkommt, kann keinem abgenommen werden. Die muß er ganz allein selber übernehmen. Tröstlich für ihn zu wissen, daß auch der Irrende auf Vergebung hoffen darf.

Der Staat und die christlichen Werte

1.

Stefan steht auf der Seite seines Vaters. Das hat's schon lange nicht mehr gegeben.

Der Vater freut sich darüber.

Onkel Max hat es schwer. »Der Staat«, sagt er, »unser Staat, meine ich, schafft alle Grundwerte, die Jahrhunderte lang richtig und gut waren, bröckchenweise ab. Wie ist das denn mit dem zweihundertundachtzehn? Und jetzt mit dem neuen Namensgesetz? Und auch noch eine neues Eherecht. Und das geht so weiter, einfach so weiter.«

Stefans Vater ist anderer Meinung. Er sagt: »Ich weiß nicht, was du da befürchtest, das alles war doch mehr als nötig, dringend sogar. Ich kann ja verstehen, daß die Kirche, hier vor allem die katholische Kirche, einen anderen Standpunkt hat. Soll sie haben. Aber du darfst doch nicht übersehen, daß unser Staat neutral zu sein hat, daß er nicht weltanschaulich oder konfessionell gebunden ist. Beim besten Willen kann er doch nicht ausschließlich die Anliegen der christlichen Kirchen berücksichtigen.«

»Da hat Papa recht«, sagt Stefan.

»Ach was«, erwidert darauf, ein bißchen ärgerlich geworden, Onkel Max. »Immerhin gehören rund neunzig Prozent aller Bundesdeutschen einer Kirche an. Daran kann doch der Staat als Gesetzgeber nicht vorbeigehen. Neunzig Prozent! Die kann man doch nicht einfach links liegenlassen, das ist doch unmöglich, wenn in einer Demokratie zehn Prozent auf die Rechtsprechung einwirken. Du kannst sagen, was du willst, meiner Meinung nach geht das so nicht.«

»Mal 'ne Frage: Bist du dir sicher, daß die Kirchen die neunzig Prozent der Bundesdeutschen auch wirklich vertreten?«

»Ja, Onkel Max«, fügt Stefan an, »meinst du das wirklich?«

»So kann man doch nicht argumentieren. Wir haben doch die gleiche Geschichte in den Parteien oder Gewerkschaften, auch in anderen Verbänden, die doch auch im Namen ihrer Mitglieder sprechen und ...«

»Die Mitglieder der Kirchen können sich ja, sagen wir mal beim zweihundertachtzehn oder bei dem neuen Ehescheidungsrecht, an das halten, was Lehre der Kirche ist. Sollte man wenigstens annehmen«, sagt der Vater.

»Genau«, setzt Stefan hinzu, »dann machen's neunzig Prozent eben so und die restlichen zehn Prozent anders.«

»Ich glaube, da kannst du nun wirklich nicht mitreden«, sagt Onkel Max. »Ich befürchte doch bloß, daß Zug um Zug immer weitere Tabus abgebrochen werden und jene Zäune, die uns davor bewahren, die Gefühle anderer Menschen zu verletzen.«

2.

Das Grundgesetz der Bundesrepublik Deutschland garantiert jedem Bürger die Freiheit, die Meinung, die Überzeugung oder den Glauben zu haben, den er meint vertreten zu können, und es gibt ihm das Recht, dafür einzutreten und seinem Glauben, seiner Meinung und seiner Überzeugung gemäß zu handeln. Das ist ein unaufgebbarer Grundwert des Menschen in einer Demokratie. Der Staat hat nämlich nicht das Recht zu bestimmen, welche Meinung oder welcher Glaube der alleingültige ist. So darf er auch nicht eine Meinung oder einen ganz bestimmten Glauben favorisieren. Laut Artikel 4 des Grundgesetzes garantiert der Staat das Recht, einen religiösen Glauben, eine bestimmte Weltanschauung zu haben, aber auch, einen solchen Glauben oder eine solche

Weltanschauung nicht zu haben. Er garantiert dieses Recht, garantiert aber nicht, daß dieser Glaube oder diese Weltanschauung auch lebendig bleibt.
So kann er auch nicht einen bestimmten Grundwert, z. B. die Unauflösbarkeit einer Ehe, zum allein gültigen erheben und als für alle verbindlich erklären. Zwar hat der Staat nach solchen Grundwerten in der Gesellschaft zu fragen; er schafft sie nämlich nicht, sondern findet sie vor. Diese kann er schützen, aber er kann sie weder durch Autorität noch durch Mittel des Rechtsweges erzwingen. Nimmt nun die Zahl der Befürworter eines Grundwertes ab, so kann man deshalb nicht den Staat beschuldigen, sondern diejenigen, die diesen Grundwert als allgemein verbindlich erklärten. Haben jene Befürworter, Gruppen und Institutionen nicht vermocht, ihre Mitglieder von der Notwendigkeit bestimmter Grundwerte zu überzeugen, so muß der Staat den Wandel des Bewußtseins zur Kenntnis nehmen und danach handeln. Denn nicht der Staat darf laut Grundgesetz ein eigenes Rechtsbewußtsein schaffen, sondern nur das, was in der Gesellschaft an ethischen Grundwerten wirklich da ist, in die Rechtsprechung aufnehmen.
In jeder Generation entstehen neue Grundwerte, zum Beispiel in bezug auf Minderheiten, Andersgläubige, Andersdenkende. Unsere Einstellung heute entspricht weitgehend nicht mehr der Einstellung derer, die vor vierzig oder dreißig Jahren das öffentliche Bewußtsein bestimmten. Der Staat hat dann die Pflicht, diese neuen ethischen Grundwerte in seine Rechtsetzung aufzunehmen. Aber auch umgekehrt: Gehen bestimmte Grundwerte, moralische Schutzzäune im Laufe der Zeit ein, so kann ein demokratischer Staat sie nicht weiter für allgemeinverbindlich kraft Rechtsprechung erklären.

Es ist oft von der pluralistischen Gesellschaft die Rede. In dieser Gesellschaft gibt es verschiedene Gruppen und Gemeinschaften, in denen sich einzelne Menschen zusammenfinden. Sie vertreten unterschiedliche Meinungen und Interessen, bemühen sich entsprechend um einen effektiven Einfluß auf die Gesellschaft, wissen jedoch, daß sie sich dabei im Wettstreit mit anderen Gruppen und Gemeinschaften befinden, mit denen man sich argumentativ auseinandersetzen muß, d. h.: die besseren Argumente werden sich durchsetzen.

Eine unter diesen Gruppen und Gemeinschaften ist die Kirche. Sie hat von ihrem Ursprung her nicht nur den Auftrag, innerhalb dieser Gesellschaft sozial wirksam zu werden, sondern auch Sinnfragen zu stellen, über den Tag hinaus zu fragen, sich zum Advokaten der Ungeborenen zu machen. Insofern hat die Kirche die Aufgabe, sich für das Recht auf Leben sowohl des einzelnen als auch des einzelnen in einer Gemeinschaft einzusetzen, für sein Recht auf Freiheit und Heil. Wo geschieht das?

Überall dort, wo die Kirche nicht klagt oder schimpft oder den Staat darum bittet, ihre Grundwerte in Schutzhaft zu nehmen, sondern wo sie ihre Mitglieder davon überzeugt, daß ohne die von ihr erkannten Grundwerte Leben vergewaltigt, entwürdigt, zerstört wird. Schafft sie das, so kann sie mit Fug und Recht vom Staat erwarten, daß er diesen Grundwerten Geltung verschafft. Schafft sie es jedoch nicht, so darf sie von diesem Staat nicht erwarten, daß er diese Werte für allgemein verpflichtend erklärt.

Es kann dabei nie und nimmer ums reine Prinzip gehen. Von dem Herrn der Kirche, Jesus Christus, wissen wir, daß er sich nicht selten gegen die kalte, oft unmenschliche Prinzipienreiterei stellte: »Der Mensch ist nicht für den Sabbat da, sondern der Sabbat für den Menschen.« Was beengt, was zerstört, was Leben tötet und was befreit, löst, was macht Leben möglich, das war seine Frage; danach handelte er. Dafür trat er ein, dafür starb er: für das Heil, die Erlösung aller Menschen. Steht in einer Gesellschaft das Heil, das Glück, das Leben auf dem Spiel, bedingt durch eine staatliche Ordnungsmacht, dann hat die Kirche das Recht, zu protestieren; den Staat dessen anzuklagen, daß er diese Grundwerte verletzt, und in aller Öffentlichkeit zu fordern, daß wirkliches Leben in Freiheit gewährleistet wird, auch wenn sie sich dabei zwischen alle Stühle setzt.

Wie sozial ist die Kirche?

1.

»Jürgen hat gesagt, er wolle aus der Kirche austreten.«

»So, hat er gesagt. Da hast du ja einen tollen Freund! Hat er wenigstens einen Grund? Natürlich nicht. Und Kirchensteuer kann der ja noch nicht einsparen wollen, verdient ja noch nichts! Sitzt seinem Vater auf der Tasche.«

»Jürgen hat gesagt, er sei für den Sozialismus.«

»Ob er das Wort Sozialismus überhaupt schreiben kann!? Du, da bin ich mir wirklich nicht sicher ...«

»Meinst du, Papa, daß man so diskutieren kann?«

»Was ›diskutieren‹ ist, das mußt du mir nicht sagen.«

»Jürgen sagt, es gäbe noch so viele soziale Probleme auch bei uns in Deutschland, und daran sei der Kapitalismus schuld.«

»Na, da will ich dir mal was sagen: Wenn Jürgen meint, nur der Sozialismus sei für die sozialen Probleme da – hoffentlich verwechselt hier dein Freund nichts! – dann sag ihm bitte einen schönen Gruß von mir, er hätte sich da gewaltig in den Finger geschnitten. Und dann noch was, das kannst du ihm ruhig sagen, von wegen Kapitalismus! Ihr habt doch keine Ahnung, was Kapitalismus in Wahrheit ist. Das hier, bei uns, ist doch was ganz anderes!«

»Was?«

»Eben was anderes. Oder meinst du etwa, ich sei ein Kapitalist, nur weil es uns gutgeht, uns allen, betone ich ausdrücklich, und weil ich achtunddreißig Menschen plus Familienangehörigen Brot und Arbeit gebe?«

»Jürgen sagt ...«

»Ach hör mir doch auf mit diesem Jürgen. Vorhin, da hast du was von ›sozialen Problemen‹ gesagt – die haben wir doch fast alle abgeschafft. Wenn heutzutage und bei uns wirklich einer arm ist, dann ist er selber dran schuld, laß dir das gesagt sein. Übrigens, wenn ihr mal wirklich wissen wollt, wie Armut aussieht – ich habe sie erlebt! –, dann müßt ihr in die sozialistischen Länder gehen. Da bekommt ihr sie zu sehen.«

»Jürgen hat gesagt, daß er hier leben möchte und daß er hier die sozialen Probleme verändern möchte.«

»Das haben wir gern. Von unserem System profitieren, alle Vorrechte in die Tasche stecken, aber gegen den Staat kämpfen. Und jetzt auch noch gegen die Kirche.«

»Jürgen hat gesagt, die Kirche hielte es mit den Reichen und den Armen werfe sie ein paar Almosen hin. Sie helfe ihnen gerade für eine kurze Zeit mit ihrem barmherzigen Werk, um dadurch aber die Menschen immer abhängiger zu machen und um sich selber den Einfluß zu erhalten.«

»Seltsame Ansichten, muß ich schon sagen. Mal angenommen, es gäbe Arme in Deutschland – wer gibt ihnen denn was, he! Wer kümmert sich um sie? Wer baut Heime und alle möglichen Anstalten für Kranke und Rauschgiftsüchtige und Obdachlose und was weiß ich noch alles? Wer? Jawohl, die Kirche. Und zweitens kann ich beim besten Willen nicht sehen, daß die Kirche einen besonderen Einfluß hat, geschweige denn Macht.«

»Aber in anderen Ländern, zum Beispiel Argentinien ...?« –

»Nicht alles durcheinanderwerfen, ja, das ist ja euer Fehler! Soviel ich verstanden habe, will dein Freund *hier* Sozialist sein und die sozialen Probleme bekämpfen, und *hier* tritt er ja aus der Kirche aus, nicht wahr? Nicht in Argentinien! Ja, wenn er Argentinier wäre, dann wäre das unter Umständen, die ich allerdings auch nicht besonders kenne – ihr scheint sie ja genau zu kennen! –, berechtigt. Aber so –!?«

»Glaubst du wirklich, Papa, daß es bei uns keine sozialen Probleme mehr gibt?«

»Doch, aber ich sagte ja schon: Wer bei uns was gelernt hat und was kann und was leistet, fleißig ist und so weiter, der bringt's auch zu was. Die anderen bleiben eben liegen. Ihre Schuld! Ganz allein ihre Schuld! Abgesehen davon, daß sie auch dann noch nicht am Bettelstab gehen müssen. Du müßtest mal das Netz der sozialen Sicherungen genauer betrachten. Das geht schon beinahe, also in manchen Bereichen, sogar zu weit, sag' ich dir.«

»Also, du meinst, daß es so, wie es ist, gut ist! Gut für alle!?«

»Natürlich nicht für alle, sagte ich doch schon. Es fallen immer wieder ein paar hinten herunter, durch eigene Schuld, durch Schicksal, durch irgendwelche Umstände. Aber siehst du, dafür haben wir ja die Kirche. Die werden dann von der Kirche aufgefangen. Irgendwo habe ich mal gelesen, daß allein die evangelische Kirche so rund 4000 Heime und Anstalten hat für solche Leute, ohne die Clubs und Beratungsstellen und alle möglichen Stellen. Da sind, erinnere ich mich noch, weit über 200000 Angestellte allein damit beschäftigt, für solche Leute dazusein. Und das alles muß doch bezahlt werden, klar? Mit was? Mit den Kirchensteuern. Und wenn beispielsweise solche Leute austreten aus der Kirche wie dein Freund, dann sind sie eigentlich gegen die Menschen, die auf die Hilfe der Kirche hoffen.«
»Jürgen sagt, eigentlich wäre das Sache des Staates.«
»Na und? Das ist ein Schlaumeier! Woher soll's der Staat nehmen? Von den Steuern. Um das alles bezahlen zu können, wenn er's übernähme, gingen die Steuern hoch. Wo ist da der Unterschied?«

2.

Diese Zahlen standen in einer Zeitung.

1 200 000	Menschen in ländlichen Gebieten vor allem, die ihre sozialen Bedürfnisse weit zurückschrauben müssen, um mit 100 bis 400 Mark im Monat gerade noch leben zu können
600 000	Bewohner der Armenanstalten
450 000	Nichtseßhafte
500 000	Erwerbstätige und Familien mit einem monatlichen Einkommen unter 600 Mark
5 000 000	Rentenempfänger mit einer monatlichen Rente bis zu 400 Mark
100 000	Geisteskranke in psychiatrischen Heilanstalten
100 000	Heimkinder
50 000	Jugendliche in Fürsorgeerziehung oder freiwilliger Erziehungshilfe
900 000	Arbeitslose
80 000	freischaffende Berufstätige wie z. B. Künstler, die am Rande des lebensnotwendigen Existenzminimums leben

1 800 000	Kinder, die durch das soziale Schicksal ihrer Eltern in ihrer Entwicklung erheblich gestört wurden und über die soziale Rolle ihrer Eltern nicht hinauskommen werden
10 000	Jugendliche zwischen 14–18 Jahren, deren Eltern als Gastarbeiter hier beschäftigt sind, die aber keine Arbeitsstelle bekommen, auch keine Lehrstelle. Sie haben es noch schwerer als sehr viele deutsche Jugendliche, die nicht den Arbeitsplatz bekommen, den sie möchten; nicht den Beruf erlernen können, den sie lernen möchten.

3.

Es ist wahr: Armut hat etwas mit Kapitalismus zu tun. Der Kapitalismus ist einseitig nur interessiert an Eigentum und Besitz. Eigentum und Besitz garantieren Macht und Einfluß. Wer Macht und Einfluß hat, gehört zur herrschenden Klasse. Von ihr ist alles abhängig: Bildung, Wissenschaft, Rüstung, Arbeitsgesetzgebung, Rechtsverhältnisse, aber auch die Preise, Planung, Arbeitsmarkt, kurz: das ganze wirtschafts- und sozialpolitische Staatswesen.
Die Beeinflußten und Beherrschten, die Abhängigen, haben weder die Mittel noch Möglichkeiten, ihre Anliegen und Bedürfnisse durchzusetzen; zudem haben sie eine psychische Sperre, eine anerzogene Furcht vor dem ›Stärkeren‹. Der Stärkere aber, das ist der Arbeitgeber, Wohnungsgeber, der Markt, das öffentliche Interesse. Der Sozialismus ist angetreten, Herrschaft von Menschen über Menschen in jeder Form aufzuheben und dafür zu sorgen, daß alle Menschen Herr im Haus zu sein vermögen. Er fordert daher u. a. auch die Aufhebung privaten Eigentums als Bedingung für die Verwirklichung der Aufhebung von Klassen, als Bedingung für die Verwirklichung der Freiheit aller.
Immer wieder bis in unsere Zeit hinein gab es Empörung gegen Ungerechtigkeit und Ungleichheit. Die Empörer wollten die Lösung der sog. sozialen Probleme selbst in die Hand nehmen, das Beherrschtwerden selber beseitigen. Immer wieder gab es aber die Gegenrichtung der Herrschenden, wirtschaftliche oder politische Sanktionen bzw. Repressionen.
Um so mehr sind diejenigen, die die eigene Lage als unnatürlich ansahen und eine Veränderbarkeit für möglich hielten, angewiesen auf andere Menschen und Gruppen, die für sie Partei ergreifen.

Das könnten die christlichen Kirchen sein.
Es ist wohl richtig: Die Kirche tut – auf dem diakonischen Gebiet – viel, um Menschen, die durch eigene oder durch fremde Schuld in Not geraten sind, zu helfen. Dafür gibt sie sehr viel Geld aus. Das Gleichnis vom barmherzigen Samariter, der Hilfe (= Nächstenliebe) leistete, bedingungs- und vorurteilslos, war und ist stets für die Kirche Anlaß gewesen, den nahen und fernen Nächsten nicht in Stich zu lassen.
Aber die Haltung der Kirchen gegenüber sozialen Problemen der Ausbeutung, Unterdrückung und Abhängigkeit ist seit rund 1600 Jahren bestenfalls eine reformistische gewesen. Durch sie wurden nicht die Strukturen verändert, die Klassenherrschaft in Frage gestellt, sondern man leistete, sofern sich das soziale Gewissen der Kirche regte, Ausbesserungsarbeiten. Dabei gehört die Idee einer Aufhebung von Herrschaft der Menschen über Menschen zur christlichen Hoffnung; die Aufhebung von Ungerechtigkeit, Unfreiheit, Unduldsamkeit. Das ganze Evangelium ist ein Aufruf zum Aufstand gegen die vielen Arten Tod, die Menschen vor ihrem biologischen Tod zu erleiden haben. Es behauptet den Glauben, daß wirkliches Leben möglich ist.

Christentum und Marxismus

1.
Die in Ludwigshafen erscheinende Tageszeitung DIE RHEINPFALZ berichtete am 21. Juni 1976:
»Vor einer schweren Entscheidung stand am Sonntag Letizia Ber-

linguer, die Frau des kommunistischen Partei-Sekretärs. Sie gilt als bekennende Katholikin und wird jeden Sonntag zusammen mit ihren vier Kindern von ihrem Ehemann Enrico Berlinguer zum Gottesdienst vor der Kirche abgesetzt. Berlinguer selbst fährt dann weiter zur KP-Zentrale. Die Frage für Letizia Berlinguer lautete: Sollte sie der Partei ihres Mannes ihre Stimme geben oder den mehr als deutlichen Aufrufen von Papst Paul VI. Folge leisten, daß ein guter Katholik niemals die Kommunistische Partei wählen kann?«

2.

»Dürfen denn wir Evangelische die kommunistische Partei wählen?« fragt Klaus-Dieter.

»Du schon gar nicht«, antwortet ihm sein Vater.

»Blöd.«

»He, du!«

»Was denn, ich hab' doch eine ganz normale Frage gestellt, und du hast mich schon verstanden.«

»Dann sag's ihm doch«, sagt die Mutter.

»Was weiß denn ich! Vermutlich ja. Schließlich haben wir ja auch keinen Papst, und selbst wenn wir einen hätten, würden wir nicht viel drauf geben.«

»Versteh' ich nicht.«

»Na, ich weiß nicht«, sagt die Mutter von Klaus-Dieter, »entweder bin ich so oder so. Das geht doch nicht, daß man beides zugleich sein kann.«

»Ist denn ›kommunistisch‹ was Böses?« Ulrike, Klaus-Dieters kleine Schwester, ist acht Jahre alt.

Der Bruder lacht.

»Ein bißchen schon«, antwortet die Mutter.

»Deine Mutti hat keine Ahnung«, sagt der Vater, »sie verwechselt mal wieder alles. Kommunismus, das hat was mit Karl Marx zu tun, und die Ideen, die er vor so rund hundert Jahren hatte, sind gar nicht schlecht. Übrigens sollte man besser vom ›Marxismus‹ reden.

»Ist das nicht dasselbe?« fragt Klaus-Dieter.

»Bei deiner Mutter natürlich, weil sie immer alles in einen Topf wirft.«

»Weil ich praktischer denke als du. Ob die DDR zum Beispiel ein kommunistischer Staat ist oder ein marxistischer, das ist mir im Grunde egal. Ich weiß nur – lies doch mal die Briefe von Tante

Klara –, daß ich dort nicht leben könnte und du übrigens auch nicht. Das weiß ich ganz genau!«

»Ich weiß, das ist nicht das Wahre. Aber das ändert doch nichts daran, daß der Marxismus eben Wahrheiten hat, die leider – vielleicht von China abgesehen – noch nicht recht verwirklicht wurden. Du müßtest einmal das ›Kapital‹ lesen, da würdest du staunen.«

»Was steht denn da drin?« will Klaus-Dieter wissen.

»Ach, wo soll ich da anfangen? Von der Aufhebung der Klassengesellschaft, von der Gleichheit aller Menschen, weißt du, daß man die Herrschaft der Menschen über Menschen abschafft ...«

»Daß ich nicht lache!« sagt die Mutter.

»Dann mit dem Eigentum. Marx ist beispielsweise der Meinung, daß die Verhältnisse nur dann verändert werden können, wenn es kein Privateigentum mehr gibt, übrigens auch keine Religion mehr.«

»Genau«, sagt die Mutter. »Und darum versteh' ich ganz gut, daß Christen keine Kommunisten wählen können. Sie würden sich ja ins eigene Fleisch schneiden.«

»Das ist doch Geschichte. Als Marx lebte, da hatte er fraglos recht. Aber du müßtest mal lesen, was Marxisten über das Christentum sagen und umgekehrt, nicht bloß, daß da einige Gemeinsamkeiten sind, sondern auch das gegenseitige Angebot, gemeinsam die Probleme anzugehen.«

»Papi«, sagt Ulrike, »gell, du wählst aber mal keine Marxisten oder wie die heißen.«

3.

Im Jahre 1848 veröffentlichte Karl Marx zusammen mit Friedrich Engels das »Kommunistische Manifest«, das eine radikale Kritik an den bestehenden Verhältnissen und einen Aufruf zum Klassenkampf enthält.

Seit dieser Zeit standen sich Marxismus und Christentum frontal gegenüber; jeder versuchte, dem anderen den Platz in der Gesellschaft streitig zu machen.

Für das Christentum war der atheistische Marxismus das rote Tuch; eine Theorie, die erst durch die Abschaffung der Religion in die Praxis umgesetzt werden kann, zum Nachteil aller Menschen.

Der Marxismus sah im Christentum, repräsentiert durch die offizielle Kirche, ausschließlich ein Instrument der Herrschenden, um

die Beherrschten mit »himmlischen Vertröstungen« von ihren wahren Wünschen und Bedürfnissen abzulenken.
Seit einer Reihe von Jahren versuchen einige Vertreter des Christentums und des Marxismus, die starren Positionen zu überwinden. Und es sieht so aus, als seien Marxismus und Christentum mittlerweile keine Konkurrenten geblieben, sondern sogar da und dort Partner geworden.
Ein paar Beispiele:
Ernst Bloch zitiert einen Abschnitt aus dem ›Kapital‹ von Karl Marx ausführlich, wo es vor der bekannten Stelle »Religion ist das Opium des Volkes« heißt: »Die Religion ist der Seufzer der bedrängten Kreatur, das Gemüt einer herzlosen Welt, wie sie der Geist geistloser Zustände ist.« Bloch bestreitet also der Religion nicht diese Funktion. Religion also als Schrei, als Formulierung, als Klage und Seufzen gegen Zustände, die zum Himmel schreien.
Der Franzose Roger Garaudy: »Die Zukunft des Menschen kann nicht gegen die Gläubigen aufgebaut werden, nicht einmal ohne sie; und die Zukunft des Menschen wird nicht aufgebaut werden können gegen die Kommunisten, nicht einmal ohne sie.«
Der Philosoph Leszek Kolakowski nennt »fünf Werte«, die Jesus von Nazareth auch heute noch »aktuell, wahr und unauslöschlich« machen: »Aufhebung des Gesetzes zugunsten der Liebe; Gewaltaufhebung in den zwischenmenschlichen Beziehungen; der Mensch lebt nicht von Brot allein; die Aufhebung der Idee des auserwählten Volkes; der Hinweis auf das physische Elend der Menschheit.«

4.
Dieser Inhalt des Christentums verlor seine Vitalität mit der Verbreitung einer marxistisch orientierten Lehre, wonach sich der Mensch vervollkommnen könne, ebenso sei eine Vervollkommnung der Gesellschaft möglich, in der das Böse und Leidvolle abgeschafft sei.
Das Christentum hat dann die »Wir-auch-Position« eingenommen. Doch das nicht nur aus Konkurrenzgründen zur marxistischen Ideologie. In der ganzen Geschichte der Kirche gab es immer wieder den Versuch, die »Selbst-Erlösung« des Menschen mittels eines politischen Programms durchzusetzen. Die kommunistischen Sekten des Mittelalters, die revolutionären Wiedertäufer im 15.

und 16. Jahrhundert, einige christliche Sozialisten des 19. Jahrhunderts (z. B. Weitling) holten aus dem Evangelium all das heraus, was sich gegen die Herrschenden und Reichen, die Grenzzieher und Wucherer einsetzen ließ; sie bemühten sich zu zeigen, daß eine auf christlichen Grundsätzen gegründete Gesellschaft Gleichheit als Hauptparole voraussetze; daß es Pflicht eines Christen sei, aktiv gegen die soziale Ungerechtigkeit vorzugehen, und daß Jesus selbst ein Prophet des revolutionären Kommunismus gewesen sei. In den meisten Fällen mußten sie diese Positionen gegen die Kirche verteidigen.

Sie beriefen sich nicht selten auf die sog. Kirchenväter, etwa auf Clemens von Alexandrien (um 220), vor allem aber auf Chrysostomus von Konstantinopel (354–407), der »mit einer ausgereiften kommunistischen Theorie« (Farner) aufgetreten sei. Hier ein Ausschnitt aus einer Predigt über Apostelgeschichte 2,44 ff.:

»Wir wollen jetzt hier einen Plan entwickeln: Alle sollen alle ihre Habe verkaufen und den Erlös in die Gemeinschaft einbringen. Ausdrücklich sage ich: Niemand soll zurückschrecken, weder reich noch arm! ... Wenn Versorgung und Verpflegung gemeinsam organisiert sind, werden die Kosten nicht so sehr bedeutend sein können. Was werden wir also mit dem Schatz, den wir aufbringen, anfangen können? Glaubst du, daß er je erschöpfbar ist? Und wird sich nicht die Gnade Gottes reichlich auf uns ergießen, werden wir nicht aus der Erde einen Himmel machen? Auf eins will ich noch hinweisen. Die Zersplitterung der Güter verursacht größeren Aufwand und dadurch die Armut. Nehmen wir ein Haus mit Mann, Frau und zehn Kindern; sie betreibe Weberei, er erwerbe außerhalb des Hauses seinen Unterhalt. Brauchen sie mehr, wenn sie in einem Haus gemeinsam oder wenn sie getrennt leben? Doch wohl, wenn sie getrennt leben! Wenn die zehn Kinder auseinandergehen, so brauchen sie zehn Häuser, zehn Tische, zehn Hilfskräfte und alles andere in gleichem Maßstab vervielfacht.

Wer stürbe also vor Hunger? Wer hätte da nicht vollauf seinen Unterhalt? Jetzt wohl meinen die Leute, sie müßten einen Sprung ins unendliche Weltmeer tun.

Möchten wir endlich einen Anlauf machen und kühn ans Werk gehen!

Wenn wir auf diesem Wege vorwärtsschreiten, hoffe ich bei Gott, daß sich so die Zukunft gestalten wird. Folget mir nur, und wir werden das Werk vollbringen, und wenn mir Gott das Leben gibt, so hoffe ich, werden wir ein solches Gemeinwesen bald schaffen.«

5.
In unserer Zeit unternehmen Vertreter des Christentums (z. B. Gollwitzer, Marti, Sölle) den Versuch, den Schritt vom Dialog zum Bündnis zu begründen und zu rechtfertigen.
Dazu einige Thesen:
»Die Propheten des Alten Testaments und Jesus vertraten im Gegensatz zu den Herrschenden nicht die Ideologie der auf Kosten anderer Besitzenden, sondern den Zorn und die Hoffnung der Armen. Jesus und die Propheten wußten sehr wohl, daß Reichtum, Privatbesitz in einer Welt voller sozialer Gegensätze nur auf Unrecht und direkter und indirekter Gewalt basieren konnte.
Die radikale Perspektive der Bibel kann in der Kirche eine Verständigung darüber herbeiführen helfen, daß eine Kooperation zwischen Christen und heutigen radikalen Gruppen und Parteien legitim ist. (Vorausgesetzt ist allerdings auch ein echter gemeinsamer Leidensdruck, weil sonst das Engagement nur karikativ oder als Modeerscheinung verläuft.) Von daher kann auch die Mitgliedschaft von Pfarrern in der DKP sinnvoll sein. Sie sollte auf jeden Fall grundsätzlich für Christen aller Art möglich sein« (Gerhard Borné).

In einem Entwurf, den eine EKD-Kommission erarbeitete, heißt es dazu:
»Der Notwendigkeit und Aufgabe des Dialogs zwischen Kirche und Sozialismus, auch dem Sozialismus leninistisch-marxistischer Prägung, wird nicht nur nichts abgebrochen, vielmehr wird dieser nachdrücklich bejaht und befürwortet.«
Jedoch werden folgende Vorbehalte angemeldet:
Die Lehren von Marx und Engels basieren auf ideologischen Theorien, während die Lehren der Kirche keine Ideologie sei.
Gerade diese marxistische Ideologie schließe notwendigerweise den Atheismus ein, ein Christ dürfe kein Atheist sein.
Damit hänge jeweils ein gegensätzliches Menschenbild zusammen.
Der Antikommunismus sei hierzulande so stark, daß allein aus seelsorgerlichen Gründen einem Pfarrer die Mitgliedschaft in einer kommunistischen Partei abzuraten sei. Schließe er sich einer sol-

chen Partei an, dann verbaue er sich den Zugang zu der Mehrheit der Gemeindeglieder.
Kommunistische Parteien seien »radikale« bzw. »extreme« Parteien, deren Mitglied zu sein sich nicht mit dem »kirchlichen Amt« vereinbaren lasse.

»Die Botschaft von der Auferstehung führt ... notwendigerweise zum Aufstand gegen das Unrecht, zum kategorischen Imperativ, alle Verhältnisse umzuwerfen, in denen der Mensch ein erniedrigtes, ein geknechtetes, ein verlassenes, ein verächtliches Wesen ist (Marx). Das heißt für uns primär: Aufstand gegen das organisierte Unrecht des Kapitalismus. Denn er stirbt nicht von selbst ab ... Er bedingt den Klassenkampf von oben – wie 1967 auch fünfzehn lateinamerikanische Bischöfe erkannten. Dem ist der Kampf von unten entgegenzusetzen – zunächst unter Ausnutzung aller Mittel der Gewaltlosigkeit. Ihr jedoch sind Grenzen gesetzt, wie die imperialistischen Mordaktionen in Vietnam, Mozambique oder Chile beweisen.«
(Aus: Christentum und Sozialismus, hg. Dorothee Sölle und Klaus Schmidt, Stuttgart 1974, Urban-Taschenbücher Nr. 609)

1.
Peters Vater sagt: »Also, ich gebe zu, das ist zwar noch nicht die Regel, daß man aus der Kirche austritt, aber doch auch nicht die seltene Ausnahme. Ich habe diesen Schritt getan. Na und? Hat sich

etwas verändert in meinem Leben? Nichts. Nein, nicht wegen der paar Mark Kirchensteuern, das wird einem immer untergeschoben. Ich bin grundsätzlich dagegen. Darum bin ich ausgetreten.«
»Gut«, sagt Peters Onkel, »du bist aus der Kirche ausgetreten; deine Sache. Aber gegen wen bist du nun ›grundsätzlich‹, wie du sagst? Gegen die Kirche oder gegen das Christentum?«
»Wo soll denn da ein Unterschied sein?« fragt Peter.
Und Peters Vater fügt hinzu: »Genau. Was soll denn das?«
»Ich meine«, sagt Peters Onkel, »daß man aus der Kirche austreten kann, weil einem der ganze Verein nicht paßt. Aber aus dem Christentum kannst du nicht so ohne weiteres austreten ...«
»Du weißt ja gar nicht, was ich alles kann«, sagt der Vater.
Und Peter muß lachen.
»Du kannst etwas gegen die Kirche haben und den ganzen Apparat, was weiß ich, aber, so weit kenne ich dich doch, du kannst nichts haben gegen die Ideen oder Gedanken oder Ziele des Christentums.«
»Papa kann das, glaube ich«, bemerkt Peter.
»Und wie. Ich sehe nämlich nicht ein, daß ich eine Institution unterstützen soll durch meine Mitgliedschaft, die zweitausend Jahre lang Zeit genug hatte, um ihre Ziele durchzusetzen.«
»Ich gebe ja zu: Die Interessen der Kirche sind nicht immer die Interessen des Christentums gewesen, um's mal so zu sagen.«
»Siehst du«, sagt Peter zu seinem Onkel, »jetzt redest du wie Papa.«
»Sieh dich mal um in der Welt: Krieg, Folter, Mord und Totschlag, Terror. Tag für Tag. Und?«
»Aus Vertrauen kann Täuschung werden«, erwidert der Onkel, »und? Soll man Güte oder Vertrauen verbannen, nur weil man damit hereinfallen kann?«
»Ich finde, daß das kein gutes Argument ist«, sagt Peter.
Und sein Vater fügt hinzu: »So etwas mußt du dir von Peter sagen lassen.«
»Ich bin der Meinung«, fährt Peters Onkel fort, »daß alles, was der Mensch in die Finger bekommt, ins Gegenteil verkehrt werden kann.«
Man redete bis in den späten Abend hinein. Und als sich die drei verabschiedeten, waren alle der Meinung, daß man das begonnene Gespräch unbedingt fortsetzen müßte.

2.
Libanon. Rhodesien. Angola. Nordirland. Chile. Argentinien usw. Terror. Folter. Attentate. Luftpiraterie. Rechtsbruch usw.
Das hört nicht auf. Die menschliche Phantasie erfindet fast täglich neuartige unmenschliche Gewaltaktionen.
An Versuchen, die eine oder andere Maßnahme zu billigen, zu verharmlosen, zu rechtfertigen und zu begründen, fehlt es selten oder nie. Meist sind solche Versuche auch erfolgreich.
Um so berechtigter ist es, aufzufordern zur »Solidarität mit den Geschundenen und Gequälten, den Gefolterten und Gedemütigten«. Wie solidarisch sind wir?
Eine solche weltweite Solidarität gegen jede Art von Unrecht und Unfreiheit und Unmenschlichkeit sollte man erwarten, vor allem von Christen, die an jenen Christus glauben, der gegen Unrecht und Unfreiheit und Unmenschlichkeit lebte.
So ist es aber leider nicht.
Ausnahmen bestätigen auch hier die Regel.

Nun fühlt sich mancher bestätigt in seiner Ansicht: das Christentum hat versagt. Das schöne Evangelium habe die Welt nicht menschlicher gemacht, die christliche Religion habe die Menschen nicht empfindlicher machen können für »fremdes Leid«, die Kirche hätte aus welchen Gründen auch immer – machtpolitische werden oft genannt – Unrecht und Gewalt geduldet, und überhaupt seien durch sie oder in ihrem Namen unzählige Unmenschlichkeiten verursacht und begangen, zumindest abgesegnet worden. Noch heute seien die Kirchen vor allem an ihren eigenen Interessen interessiert, weniger an den Interessen derer, die sie kraft ihres Auftrages zu vertreten hätten.
Diese Behauptung enthält viel Richtiges. Es hat in der Geschichte Zeiten gegeben, wo die Kirche das Christentum verraten hat oder – wie man es heutzutage sagen würde – die Sache des Jesus von Nazareth. Die Kirche ist nicht ohne Schuld an vielen Ereignissen in der Geschichte, wo sie weder Gott diente noch dem Menschen, sondern bestimmten Gruppen ihren Einfluß, ihre Herrschaft, ihre Macht und ihr Geld und ihren Reichtum garantierte.
Es hat aber ebenso Zeiten gegeben, und es gibt sie heute, wo die Kirche nicht nur von der Sache Jesu redete, sondern sie auch verwirklichte. Nachweisbar sind unendlich viele Werke, die im

ganzen Abendland in den vergangenen Jahrhunderten Not linderten, für Bildung und Ausbildung sorgten, Partei ergriffen für Unterdrückte und Rechtlose, Leben als Leben erst ermöglichten – : sozial konkretisierte Liebe.

Derartiges gab es in keiner anderen religiösen oder politischen Kultur bzw. Gesellschaft im Laufe der Menschheitsgeschichte.
Das hat seinen Grund in den Urkunden der Kirche. Es ist nicht so weit gekommen, daß diese verlorengegangen wären. Wurde aus dem Christentum eine Ideologie mit Herrschaftsansprüchen, meldete sich schon immer das Christliche als Protest gegen Herrschaft und Gewalt, Unfrieden, Ungerechtigkeit, Ungleichheit und Unmenschlichkeit. Dieser moralische Protest in jeder Form ist ein urchristliches Anliegen, wie die Urkunden belegen.
Daraus entwickelten sich politische Kategorien, ohne die es kaum die heutigen Errungenschaften der Menschheit geben würde: beispielsweise die Nächstenliebe, nicht bloß als private Zuneigung zwischen zwei oder drei Menschen, sondern durchaus als soziale Politik und öffentliche Institution; zum Beispiel die Vorstellung einer unantastbaren, personalen Würde des Menschen und sein Recht auf Heil, auf Glück; oder der Gedanke an Entfaltung aller Talente als Programm der Selbstverwirklichung und Selbstbestimmung; der Gedanke der Solidarität mit allen Menschen, die dies brauchen; auch die Idee des Kompromisses, der Pflicht, unter allen Umständen den Frieden herzustellen; der Gedanke der Freiheit, der es allen Menschen verwehrt, ›Gott‹ für andere spielen zu wollen, oder die Vorstellung, daß nichts aufhört und verlorengeht. Dies alles ist fundamental christlich, wenngleich da und dort Ursprünge im Judentum oder in der griechischen Philosophie zu finden sind. Sie bestimmen weitgehend die Landschaft, diese ›Ideen‹ oder ›Werte‹ werden gelehrt und unterrichtet und gepredigt und gelebt. Wer sollte dagegen sein?
Es hat sich – übrigens – noch nicht überall herumgesprochen, was Völkerkundler und Religionssoziologen immer schon gewußt haben, daß die sog. politischen Gegensätze nicht nur politische sind, Gegensätze zwischen arm und reich, hochentwickelt und unterentwickelt, imperialistisch und ausgebeutet, sondern daß diese Gegensätze ihre Wurzeln in jenen alten Wertvorstellungen haben, freilich oft pervertiert.

Dennoch: Wer beispielsweise Grenzen überschreitet, den sogenannten abendländischen Kulturraum verläßt, stößt auf soziale Probleme, die mit seinen überlieferten, auch ›vererbten‹ Begriffen nicht in Einklang zu bringen sind – in den asiatischen Ländern genauso wie in afrikanischen. Der einzelne Mensch, sein Leben, das Leben überhaupt hat schon deshalb andere Qualitäten, weil der Tod andere Dimensionen umschließt. Er markiert dort nicht Ziel und Übergang, sondern bedeutet entweder Auflösung oder Wiederkehr – kein Wort also von Dank oder Leistung oder Erbe. Das Fortschreiten von hier nach da, soziale Leistung im zeitlichen Maß, Erfolg, gesellschaftlicher Verdienst – das sind alte Kennzeichen abendländischer Kultur, geprägt durch das Christentum.
Man kann natürlich nicht Menschen in bestimmten Breitengraden vorwerfen, daß ihnen Werte fremd sind, die zur abendländischen Kultur geführt haben. Diese historischen Voraussetzungen sind nicht zu exportieren; das so gewordene (westliche) Rechts- und Leistungsdenken ist nicht auf andere Länder übertragbar.
Es gab in den zurückliegenden Jahren und Jahrhunderten immer wieder Zeiten, wo man in aller Überheblichkeit diese Übertragungen versuchte, jedoch vergebens. Es gab ebenso auch andere Zeitabschnitte, wo man sich von der Welt zurückzog.
Eine solche Distanz zur Welt und ihren vielfältigen Problemen ist unmöglich, weil unchristlich. Diese Werte bleiben lebensbestimmend, treiben unseren moralischen Protest an und lassen uns unruhig werden, und nicht nur uns, sondern auch all diejenigen Menschen, die etwas ahnen von dem, daß diese Erde noch nicht so ist, wie sie sein sollte: bewohnbar für alle Menschen.
Die Sache Jesu ist noch lange nicht am Ende, das Christliche ist noch lange nicht verwirklicht. Man kann darauf nicht verzichten, es auch nicht abschreiben – nicht um der Kirche, sondern um der Menschen willen. Trotz aller Enttäuschung über die Kirche (Kirche? Das sind wir.) ist sie es, die ein von Christus her bestimmtes Verständnis von Welt, Leben und Mensch vertritt; ist sie nötig, um den entscheidenden Beitrag zu leisten zur Erweiterung des Menschlichen. Das Christliche in und an der Kirche taugt wenig oder gar nichts, wenn sich nur wenige finden, die bereit sind, es zu lehren und zu verkündigen – und zu leben.

1.

»Also aufgehört hat er so, daß er sagte, das Besondere am Christentum sei, daß es erstens, zweitens und drittens nichts Besonderes ist.«

»Kapier' ich nicht. Dann kann man's ja auch ganz sein lassen, finde ich.«

»So doch auch nicht. Wenn ich ihn richtig verstanden habe, meinte er, daß das Besondere am Christentum sei, daß es eben nichts Besonderes ist, sondern etwas ganz Einfaches. Wenn also beispielsweise einer alle Lehrsätze aus dem Effeff kennt, sie sogar auswendig aufsagen kann und so, dann ist das gar nichts ...«

»Hat er gesagt?«

»Ach, das ist alles so schwierig. Also wichtiger sei, daß man sich an Christus orientiert und sich von ihm dazu bewegen läßt, umzudenken, sich zu ändern. Daß man zum Beispiel sich und andere erträglicher findet, sich mit anderen arrangiert, Frieden schließt, sich für Gerechtigkeit einsetzt, solidarisch ist mit den Unterdrückten und so weiter.«

»So, hat er das gesagt?«

»Ja, in etwa. Alles habe ich natürlich nicht behalten, das kannst du dir ja vorstellen.«

»Ich weiß nicht recht, mir ist das ein bißchen zu wenig, Heike.«

»Findest du das wirklich, Mutti? Natürlich hat er noch mehr gesagt, das hat ja fast eine Stunde gedauert, aber irgendwie hat mir das eingeleuchtet. Er hat zum Beispiel auch was über die Auferstehung gesagt,

daß das besser sei, einem traurigen und verzweifelten Menschen zu zeigen, was das konkret heißen kann für sein Leben, als wenn man zwanzigmal hintereinander sagen würde: ›Christus ist auferstanden von den Toten.‹«

»Na, das sagt ja auch bestimmt keiner.«

»Ach du, darum geht's ja auch nicht!«

»Wir haben jedenfalls zu unserer Zeit noch den ganzen Katechismus auswendig lernen müssen und wurden auch danach abgefragt. Meiner Meinung nach gehört das doch zum Glauben, daß man das glaubt.«

»Mir fällt noch was ein. Er hat gesagt, daß die Zahl der Rauschgiftsüchtigen, der Alkoholiker oder der Verkehrstoten enorm ansteigt, ebenso die Zahl der Selbstmorde, der Ehescheidungen oder die Zahl der Vereinsamten, der psychisch Erkrankten, ja?«

»Das liegt daran, nehme ich an, daß die Leute an nichts mehr glauben.«

»Weiß ich nicht«, sagt Heike, »er hat nur gesagt, daß man denen jetzt nicht mit irgendeinem Katechismus helfen kann oder so einer Formel, weißt du, sondern daß sie einen Menschen brauchen, das kannst du sein, das kann aber auch ich sein, daß solche Leute unsere Bereitschaft brauchen, ihr Leben sozusagen zu dem unsrigen zu machen.«

»Hört sich ja gut an, bloß tut das nicht sowieso jeder?«

»Ehrlich, Mutti, meinst du das wirklich?«

»Nein, so wollte ich das ja auch nicht gesagt haben. Ich meine doch bloß, dazu muß ich ja nicht unbedingt Christ sein. Oder etwa nicht?«

»Wahrscheinlich schon.«

»Ganz sicher, meine ich, gibt es auch Nichtchristen, die sich für einen anderen einsetzen und ihn nicht im Stich lassen.«

»Das glaub' ich doch auch.«

»Ich weiß halt nicht, – ob sich jetzt ein gläubiger Mensch verantwortlich weiß für das, was an Schlimmem auf der Erde geschieht, und sich entsprechend einsetzt, seine Zeit opfert oder ob dasselbe jemand tut, ohne Glauben, ohne kirchliche Bindung, wo ist denn da der Unterschied? Ich kann mir ganz gut vorstellen: Einer kann sagen, daß er sich auf Grund seines christlichen Glaubens so und so einer bestimmten Frage gegenüber verhält, und ein anderer kommt zu dem gleichen Schluß, das ist doch möglich, ohne daß er Christ

ist. Ist er denn darauf in seinem Vortrag nicht eingegangen?«
»Ach, Mutti, irgendwie glaub' ich schon. Bloß kann ich dir das nicht mehr so richtig wiedergeben. Aber imponiert hat mir's schon, muß ich sagen.«
»Na, immerhin«, sagt die Mutter.
Die beiden unterhalten sich noch eine Weile über einen Vortrag, zu dem Heike am Abend zuvor im Jugendzentrum eingeladen war.

2.
Ich muß nicht unbedingt Christ sein, ich muß nicht an Jesus Christus glauben, um menschlich zu sein und eine menschlichere Welt zu schaffen. Ich muß auch nicht Christ sein, um so ein guter oder gar besserer Mensch zu sein.
Wozu und warum soll ich dann noch Christ sein? Lohnt es sich überhaupt, lebt es sich anders dann im Grunde nicht besser und bequemer? Ohne daß ich mir die Last des Glaubens, der Gebote und Orientierungen ›aufbürde‹? Verleiht das Christentum seinen Anhängern nicht eine besondere Qualität? Sind sie nicht mit anderen Kategorien zu messen? Welchen Wert hat dann das Christentum, wenn es denen, die sich zu ihm bekennen, keine besonderen Kräfte gibt und sie nicht dazu befähigt, besonders gut und menschlich und anständig und gewissenhaft zu sein bei allem, was sie reden und tun?

Darauf könnte man so antworten:
Das Christentum, das man nicht unbedingt mit der Kirche verwechseln darf, ist nahezu 2000 Jahre alt. Angefangen hat es mit Jesus Christus, seinem Leben, seinem Tod und seiner Auferstehung.
Und im Laufe der oft schwankenden Geschichte hat es seinen Anhängern tatsächlich und nicht gerade selten übermenschliche Kräfte gegeben, um durchzuhalten, nicht aufzugeben, nicht feige, stumm oder mutlos zu werden, um zu überwinden und gelegentlich auch zu siegen. Zahlen sind nicht bekannt, aber es werden Millionen gewesen sein, die freiwillig für Jesus, für seine Sache, sein Evangelium, ins Gefängnis gegangen sind, es auf Schwierigkeiten und Nachteile aller Art ankommen ließen, sich auslachen, sich quälen, sich foltern ließen, den Tod auf sich nahmen, den Kopf für

andere hinhielten. Damit haben sie unübersehbare Zeichen gesetzt.
Jedoch: der ungläubige Arzt, der während einer Epidemie trotz großer Gefahr für Leib und Leben seine Patienten besucht und sie nicht aufgibt; der buddhistische Mönch, der sich für eine gerechte Sache verbrennt; der Kommunist, der für das anzustrebende Paradies auf Erden bis zur Erschöpfung und klaglos immer neue Normen erfüllt – sie alle tun im Grunde das, was das Evangelium fordert. Sie sind Christen, ohne es zu wissen, arbeiten auf bzw. in den Spuren Christi. Letzten Endes bleibt es sich gleich, unter welcher Fahne Menschen anderen Menschen helfen und für ihr Wohl, ihr Heil, ihr Glück arbeiten.

Das Christliche hat seine Basis im Evangelium, das Jesus Christus uns ›hinterließ‹. Darin sind Gedanken und Ideen enthalten, die mittlerweile fast Allgemeingut geworden sind. Auch Nichtgläubige leben faktisch christlich, denn sie leben und arbeiten und forschen weitgehend in einer Geschichte und in einer Tradition, die eben christlich geprägt ist.
Einige Begriffe seien genannt: zum Beispiel der Verzicht auf Gewalt; die Aufhebung des Rechts zugunsten der Liebe, die Aufhebung der Idee eines auserwählten Volkes, der Hinweis auf das physische Elend des Menschen und jener, daß der Mensch nicht nur vom Brot allein lebt, die Solidarität mit dem Nächsten; hinzu kommen andere Begriffe aus der christlichen Tradition wie Barmherzigkeit oder Gnade oder eben Nächstenliebe – Begriffe, auf die einzelne Menschen genauso angewiesen sind wie einzelne Gruppen oder eine Gesellschaft überhaupt. Und darum ist es wichtig, daß der Geist nicht ausstirbt, der Menschen nach wie vor dazu bewegt, anderen Menschen zu helfen; daß diese Gedanken, Ideen und Begriffe weitergesagt, weitergegeben und weitergelebt werden durch Menschen, hier und anderswo, heute in dieser Zeit und in Zukunft.

Die Frage nach dem Wert des Christentums, ob es sich dann überhaupt lohne zu glauben, kann im Grunde nur der stellen, der sich davon eine bessere Position verspricht, der nichts anderes als Karriere machen will. ›Lohn‹, also Ergebnis unter dem Strich kann beides sein, das eben weiß ein Christ: Undank, Anfeindung und

Niederlage, aber auch Freude, Sinn, Erfüllung, Glück.
Grundsätzlich aber kann man sagen, daß sich das Christentum nicht ›rentiert‹, daß es sich auch nicht ›lohnt‹, Christ zu sein, genausowenig wie sich etwa eine Urlaubsreise ins sieben Kilometer entfernte Nachbardörfchen lohnt. Es bringt keine sichtbaren Vorteile und Veränderungen, keinen meßbaren Fortschritt, auch nicht einen ablesbaren, vorzeigbaren Erfolg.
Aber das Christentum hat etwas zu geben, was einem nichts sonst auf der Welt geben kann: einen letzten Sinn; eine Antwort auf die Wozu-Frage menschlichen Lebens. Es verleiht der Mühe, Mensch zu sein und als Mensch zu handeln, meiner Arbeit und dem Einsatz für eine schönere, bessere Welt eine andere Perspektive, einen anderen Zustand, sozusagen einen Ewigkeitswert: nichts ist umsonst und vergeblich, der Tod selbst ist nicht das Ende meiner Arbeit für eine menschlichere Welt; es geht alles weiter, nichts hört auf – die »Stadt Gottes« ist kein Traum. Wir alle sind Maurer, Mitarbeiter – die »Stadt Gottes«, in der alle Menschen sorgen- und leidlos, ohne Angst und Zwang, heil, gesund und selig leben können, wird durch uns möglich.

1.
»Meine Damen und Herren! Liebe Freunde!«
Beifall.
»Wie bedeutungsvoll der Begriff Toleranz ist«, fährt Thomas fort, »kann man schon daran ersehen, daß das Wort nicht bloß aus fünf oder sechs Buchstaben besteht, nein, aus acht Buchstaben, und es

gibt, wie jeder weiß, nicht gerade viele Wörter in unserer deutschen Sprache, die sich aus so vielen Buchstaben zusammensetzen.«
Weiterer Beifall der Freunde.
»Auf Toleranz reimt sich beispielsweise sehr gut, wie ich finde, das Wort Tanz, und in der Tat wurde ja in der Geschichte unseres Volkes mancher Tanz um die Toleranz aufgeführt.«
Klaus-Dieter: »Sehr wahr!«
»Toleranz, meine Damen und Herren, wurde eigentlich zu allen Zeiten immer und immer wieder gefordert, woraus man unschwer schließen kann, daß sie kaum gewährt oder geübt wurde bzw. wird. Sie fragen vielleicht, woran das liegt? Ich antworte Ihnen, daß der Grund einzig und allein darin zu sehen ist, daß das Wort einfach zu lang ist, rein sprachlich hingegen so schön, daß man es immer und immer wieder in den Mund nehmen möchte.«
Gerd: »Hört! Hört!«
»Dieses Wort, aus drei Silben bestehend, ist natürlich auch klein zu schreiben, liebe Freunde, dann allerdings muß das ›z‹ durch ein ›t‹ ersetzt werden, wird dann noch schöner, denn dann haben wir vorne ein kleines ›t‹ und hinten ein kleines ›t‹, womit der ganze Begriff an Bedeutung fraglos zunimmt ...«
Michaela: »Sehr richtig!«
»Gestatten Sie eine Zwischenfrage des Abgeordneten Walter Zimmer?«
»Bitte.«
»Würde der Herr Redner so freundlich sein und kurz sagen, über welches Thema er gerade seine hochintelligenten Ausführungen macht?«
»Ach, Papa, weißt du, du könntest uns helfen.«
»Wenn ich kann, gerne. Um was geht's denn?«
Thomas sagt: »Das ist so. Gerd, Klaus-Dieter, Gisela, Michaela und ich sind eine Kleingruppe. Und wir haben die Aufgabe bekommen, eine freie Rede zu halten. Thema: Die Toleranz. Eine andere Gruppe redet zum Beispiel über Freiheit und so.«
»Ah, ich verstehe. Aber meint ihr denn, daß man das so machen kann, wie ich das eben mit halbem Ohr kurz mitbekommen habe?«
»Natürlich nicht«, sagt Michaela, »aber uns fällt zu dem Thema nichts Gescheiteres ein.«
»Habt ihr schon einmal im Lexikon nachgeguckt«?
»Ja, haben wir, aber da ist gerade ein Satz brauchbar. Ich lese ihn

dir mal vor, ja? ›Toleranz, Duldsamkeit, das Geltenlassen fremder Anschauungen, Sitten und Gewohnheiten, z. B. die stattliche Duldung mehrerer Religionen in einem Staatswesen‹, na ja, und dann kommen noch so ein paar komische Sätze, am Schluß noch das mit der ›Erklärung der Menschenrechte‹ der Vereinten Nationen, daß also Toleranz von den Menschenrechten nicht zu trennen sei, und das ist schon alles. Aber unsere Rede, hat der Foth gesagt, müsse mindestens, mindestens zehn Minuten dauern, deshalb waren wir nun auf der Suche nach einer recht langen Einleitung ...«

Klaus-Dieter lacht.

»Ich gebe zu«, sagt der Vater, »daß das gar nicht leicht ist. Zehn Minuten ist eine verdammt lange Zeit ...«

2.

Wer die Weltgeschichte auch nur ein wenig kennt, weiß, wie wenig Toleranz die Menschen üben. Das war schon bei den alten Griechen vor Beginn unserer Zeitrechnung, wo der Gedanke der Toleranz zuerst auftauchte, nicht viel anders als heute, wo jeder Redner mit Beifall rechnen kann, wenn er das Wort ›Toleranz‹ erwähnt.

Aus der Geschichte kann man lernen: In den Zeiten, wo Toleranz besonders laut und stark gefordert wurde, war sie am meisten bedroht. Man handelte dann nach dem Motto »Die Wahrheit kann nur eine sein, und also ist sie bei mir«. Um diese ›Wahrheit‹ zu sichern und zu erhalten, erklärt man diejenigen, die darüber anders denken und eine andere Auffassung vertreten, zum Gegner der einen Wahrheit. In der Regel sind das Minderheiten. Der Mehrheit und den Regierenden fällt es offensichtlich schwer, andere Anschauungen, Sitten und Gewohnheiten gelten zu lassen, zu dulden.

Man sollte meinen, daß die Kirche in erster Linie dazu berufen ist, sich für die Menschen einzusetzen, die unter einem solchen Druck leiden. Besonders die ersten drei Evangelien nennen viele Beispiele, wie Jesus denen begegnet ist, die von der Mehrheit nicht toleriert wurden.

Leider nennt die Geschichte der Kirche viele Beispiele, wo man eine Minderheit nicht duldete, ja, wo man einzelne, Gruppen oder gar ganze Volksstämme und Völker im Namen der ›einen Wahrheit‹ meinte ausschalten zu müssen, wobei man in der Wahl der Mittel alles andere als wählerisch war.

Diese Mittel von einst: Knüppel, Pranger, Schwerter, Scheiterhaufen, Verbannung, Reichsacht usw. – werden offiziell heute, jedenfalls in unserem Land, nicht mehr angewendet. Dafür gibt es andere – feinere – Methoden, um einen Menschen auszuschalten, fertigzumachen. Und wenn man über die Grenze schaut, gleich in welche Himmelsrichtung, kann man es nicht übersehen, wie wenig weit man sich etwa von der Zeit des Dreißigjährigen Krieges entfernt hat.
Die Schwierigkeit im Umgang mit der Toleranz beginnt da, wo der zum Irrtum neigende Mensch mit dem ebenso fehlbaren anderen Menschen zusammen leben muß und nach Antworten sucht: Kann man alles und jeden tolerieren? Muß man alles schlucken und dulden? Kennt die Toleranz Grenzen oder ist sie grenzenlos?

3.

Die große geistige Wende im 17. und 18. Jahrhundert, die sogenannte Aufklärung – die uns immer noch nicht ganz erreicht hat – stellt die Toleranz in den Mittelpunkt allen Denkens, sie wird aus der Achtung vor dem Recht des Gewissens abgeleitet. Man forderte, der Mensch solle sich nicht mehr ›eine Wahrheit‹ diktieren lassen und alles ungefragt hinnehmen, sondern selber seinen Verstand gebrauchen, selber fragen und denken und sich auf die Suche nach der Wahrheit begeben.
Berühmt wurden die Gedanken über die Toleranz von Gotthold Ephraim Lessing. In seinem Schauspiel »Nathan der Weise« gibt es die sogenannte Ringparabel. Der Inhalt: Der Sultan Saladin fragt Nathan, aus welchen Gründen er von den drei Religionen – Judentum, Christentum, Islam – das Judentum für die einzige wahre halte. Nathan antwortet in Form einer Fabel: In einem alten Geschlecht vererbte der Vater seinem Lieblingssohn einen Ring, der die wunderbare Kraft besaß, seinen Besitzer »Vor Gott und den Menschen angenehm zu machen«. Einmal aber hatte ein Vater drei Söhne, die er ohne jeglichen Unterschied liebhatte. Um keinen zu verärgern, ließ er zwei vollkommen gleiche Nachbildungen des Ringes anfertigen, gab jedem der drei Söhne einen Ring, seinen Segen und starb. Nun kommt, was kommen muß: Jeder von den drei Söhnen hält sich für den »echten Ringträger«, die zwei anderen für Betrüger.
»Man untersucht, man zankt,

Man klagt. Umsonst; der echte Ring war nicht
erweislich – fast so unerweislich als
Uns jetzt – der rechte Glaube.«

Die drei Söhne gehen vor Gericht, und ein jeder schwört, aus der Hand des Vaters den echten Ring erhalten zu haben. Der Richter aber ist der Meinung, die Wunderkraft des echten Ringes müsse sich letztlich erweisen:

»Das muß entscheiden! Denn die falschen Ringe werden
Doch das nicht können! – Nun: wen lieben zwei
Von euch am meisten, – Macht, sagt an! Ihr schweigt?
Die Ringe wirken nur zurück? Und nicht
Nach außen? Jeder liebt sich selber nur
Am meisten? – O, so seid ihr alle drei
Betrogene Betrüger? Eure Ringe
Sind alle drei nicht echt. Der echte Ring
Vermutlich ging verloren. Den Verlust
Zu bergen, zu ersetzen, ließ der Vater
Die drei für einen machen.«

Der Richter gibt deshalb den Söhnen den Rat:

»Ihr nehmt
Die Sache völlig, wie sie liegt. Hat von
Euch jeder seinen Ring von seinem Vater:
So glaube jeder sicher seinen Ring
Den echten.«

Daraus schloß man meist: Keine Religion ist im Besitz der absoluten Wahrheit. Lessing jedoch wollte etwas anderes sagen, nämlich: Die Echtheit des Ringes kann sich nur dadurch erweisen, daß der Träger entsprechend seinem Glauben handelt. Nicht das Tragen des Ringes ist entscheidend, sondern daß man sich so verhält, als besäße man den echten Ring. Die Wahrheit einer Wahrheit zeigt sich im Umsetzen einer Theorie in die Praxis; nicht die Lehre, das Tun ist ausschlaggebend.

Eine Religion, wie auch eine Weltanschauung oder eine bloße Auffassung, erweist sich nicht durch Äußerlichkeiten, sondern darin, inwieweit sie fähig ist, Heil, Glück, Seligkeit für alle Menschen ausnahmslos herzustellen.

Die Wunderkraft des echten Ringes wird dort wirksam, wo sich nicht die eine Religion oder Weltanschauung über die andere, konkurrierende mit allen Mitteln zu behaupten sucht, sondern wo

sie am meisten tut für die Herstellung des Glücks für alle Menschen. Dabei kann sie nie gewaltsam, ohne Rücksicht auf Verluste, nie intolerant vorgehen.
Die christliche Religion ist eine Religion der Liebe, der Gnade und der Vergebung. Wer in dieser Religion seine Heimat findet, braucht nicht ständig besorgt zu sein, ob »seine« Religion die einzige und wahre und richtige auch sei. Er begnügt sich damit, Liebe, Gnade und Vergebung zu praktizieren, nicht nur gegenüber den »Hausgenossen« (das wäre noch einigermaßen leicht), sondern auch gegenüber all denen, die in anderen »Häusern« wohnen. Er glaubt, daß Christus für alle Menschen gestorben ist, und auf Grund dieses Glaubens ist er nicht bereit, aus dem kleinen Wörtlein »alle« ein »einige« zu machen, und wer die sind, bestimmt einzig und allein er selbst.
Es wird so sein, daß niemand den echten Ring trägt, um auf die Fabel Lessings zurückzukommen. Keine Religion, keine Kirche, keine Ideologie und kein System kann oder darf von sich behaupten, es sei im Besitz der allgemeinen, absoluten Wahrheit. Sie alle können nur versuchen, sich dieser Wahrheit zu nähern, die Wunderkraft des Ringes ausstrahlen zu lassen und dafür zu sorgen, daß niemand etwas von seinen anerkannten Menschenrechten einbüßt.

Bildquellen

Rudolf Dietrich 71
Erhard Jorde 29, 35, 56, 121
KNA 42
Hans Lachmann 23, 47, 64, 88, 102
Stefan Moses 9
Werner H. Müller 53, 98
Pontis-Höpker 75, 93
Pontis-Ramer 106
Toni Schneiders 39
Werner Stuhler 16, 19, 32, 59, 80
Tiofoto 112
Abisag Tüllmann 117